치유산업에서 길을 찾다

관광·음식·농업부터
산림·해양 치유까지 웰니스 트렌드

치유산업에서
길을 찾다

김재수 지음

매일경제신문사

최근 우리 사회의 화두는 단연 '치유'다. 힐링, 웰빙 등 치유와 관련된 단어가 많이 등장하고 치유관광, 치유음식, 치유농업, 산림치유, 해양치유 등 여러 분야에서 치유산업이 추진되고 있다. 산림치유는 휴양림 등에서 오래전부터 추진됐으며 치유관광과 치유농업은 최근에 크게 부각되고 있다.

갈수록 사회가 복잡해지고 경쟁이 심화되는 데다 코로나19 팬데믹(대확산)까지 거치면서 많은 국민들이 삶의 방식과 가치에서 치유를 최우선에 두고 있다. 그러나 치유산업이 무엇이며 실질적으로 어떤 효과가 있는지에 대해서는 잘 알려져 있지 않다. 치유산업의 현황 파악도 어렵고 이에 대한 이론적 분석과 접근도 부족하다. 이 책은 치유산업 전반에 관한 기본적인 현황을 수집하고 알기 쉽게 정리한 첫 번째 책이라고 자부한다.

치유산업은 관광, 농업, 해양, 산림 등 분야별로 농어촌의 산·강·바다 등 자연 현장, 휴식과 관광 현장, 생산과 가공 현장에서 추진된다. 분야별 전문 지식과 경험이 필요함과 동시에 의학, IT, BT, NT 등 최첨단 과학과 기술이 투입된다. 또한 문화적 특수성을 토대로 분야 간 협력과 융복합, 소통으로 더 큰 시너지 효과를 낼 수 있는 산업이기도 하다. 앞으로 의료보험 가입 등 의료 행정이 뒷받침된다면 치유산업은 더욱 크게 도약할 수 있다.

치유자원의 대부분이 지방에 소재하기 때문에 치유산업은 지방이 경쟁력을 갖고 있다. 최근에는 사람들에게 치유를 선사하는 장소가 관광 명소로 각광받고 있다. 치유산업의 발전은 지방 소멸 시대의 해법이자 지방 경제 활성화의 마중물이 될 수 있다. 대학은 치유산업에 대한 기초 이론을 개발하고 연구를 강화해야 하며, 정부 차원에서는 관련 인력을 양성하고 다양한 정책을 추진할 필요가 있다. 치유산업은 국가의 균형 발전을 선도할 '미래 산업'이자 우리가 미래 세대를 위해 반드시 챙겨야 할 '생존 산업'이기 때문이다.

지난 몇 년 동안 국내 치유산업 현장을 두루 다니며 분야별 현황과 주요 과제를 파악했고, 관련 종사자와 대담을 이어가면서 치유산업의 애로 사항과 앞으로의 과제를 살펴봤다. 치유산업에 대한 정책 결정과 집행이 중요하기에 중앙정부, 지방자치단체, 공공기관 관계자와도 두루 접촉했다. 책이 출간되기까지 국내외 현장에서 만난 문화체육관광부, 농림축산식품부, 해양수산부, 보건복지부, 외교부, 농촌진흥청, 산림청, 경상북도, 강원도, 전라남도, 제주도, 완도군, 한국관광공사, 한국농수산식품유통공사, 국립산림치유원 등 많은 기관의 치유 분야 종사자들께 감사를 표한다. 학계와 연구계를 비롯한 여러 전문가의 토론과 참여에도 감사드린다. 특히 치유관광과 치유음식 등 치유산업 전반에 대한 자료를 수집하고 정리해준 김정현 박사에게 감사를 드린다.

이 책이 향후 치유산업의 이론적 기반을 구축하고 정책을 수립하는 데 유용하게 쓰이기를 바란다.

2024년 5월
김재수

1장 치유산업이란?

4장 자연에서 건강을 찾는 치유농업

5장 숲에서 행복을 찾는 산림치유

6장 바다에서 일상을 찾는 해양치유

1장

치유산업이란?

1 치유산업이란?

○
○
●
●

    최근 치유산업이 크게 대두되고 있다. 치유관광, 치유음식, 치유농업, 산림치유, 해양치유 등 '치유'라는 용어를 사용한 다양한 산업이 국민의 관심을 끌고 있다. 그러나 대다수가 치유산업이 정확히 무엇인지 잘 알지 못한다. 치유산업의 개념이나 이론적 분석, 학문적 연구가 제대로 되지 않고 있기 때문이다. 관광, 농업, 산림, 해양 등 분야별로 치유산업이 추진되고 있으나 치유산업 전반에 대한 윤곽이나 산업 구조를 파악하기 어려운 것이 현실이다.

    치유산업의 개념은 간단하지 않다. 치유의 개념과 산업의 개념이 합쳐져 있고 치유의 뜻도 다양하기 때문이다. '치유'는 한자로 '治癒'로 표기하며 "치료하여 병을 낫게 함"이라는 뜻이다. 또한 치유는 '치료'와 비슷하게 사용되나 엄격하게 보면 개념이 다르다. 현장에서는 치유와 치료를 혼용해 사용하기도 하는데, 치유의 범위를 어디까지라고 정하기 어렵기 때문이다. 보통 치유는 신체를 중심으로 하지만 정신적, 정서적 범위를 포함하기도 한다.

치유는 "치료하여 병을 낫게 함"이라는 일반적인 뜻으로 많이 사용된다. 국문학적으로 치유산업의 개념에 대해 전 국립국어원 원장인 이상규 교수는 "치유산업의 개념 자체에 중점을 두기보다 치유산업이 가져오는 영향이나 효과를 종합적으로 감안한 개념 정립이 필요하다"라고 한다.

치유산업의 개념 정립이 이 책의 핵심 과제는 아니다. 따라서 치유관광, 치유음식, 치유농업 등에 사용되는 현실적 상황을 반영해 '치유에 관련된 산업 전반' 또는 '치유를 다루는 산업'으로 치유산업의 개념을 규정해두겠다.

치유와 치료

치유와 치료는 의학적으로 다른 개념으로, 분명한 차이가 있다. 두 용어의 정확한 개념과 접근 및 사용에 대해 그간 많은 논쟁이 있었으며 종사자들의 해석도 달랐다. 이 책의 목적은 치유와 치료의 개념 정립이 아니다. 치유와 치료에 관한 여러 가지 분석과 설명을 정리해 내린 결론은 다음과 같다.

일반적으로 치료의 의미는 '상처나 증상을 신체적이고 물리적으로 다스리는 행위'다. 의학적으로는 수술, 약물 투입 등 직접적인 처치로 병을 낫게 하는 육체적 고침에 중점을 둔다. 즉, 치료는 '육체적 증상'을 없애거나 낫게 하는 데 중점을 두고 '물리적, 화학적 고통을 줄이거나 제거하거나 상태를 완화시키는 것'을 주로 하는 행위다. 또한 치료는 의료 기술이 투입돼 신체적이고 물리적으로 다스리는 행위에 중점을 두고 있다.

치유산업에서 사용하는 치유의 개념은 광범위하다. 치유는 치료보다 더 넓은 의미로 다뤄야 한다. 치유는 현재의 신체적, 정신적 고침보다 미래의 질병 발생 원인을 제거하는 데 중점을 둔다. 치유 효과도 상처나 병을 낫게 하는 신체적 행위뿐만 아니라 정신적 행위, 심리적 행위, 위안적 과정 등을 포함한다. 또한 면역력 증대를 위한 자연 치유력도 포함한다. 치유 효과는 본래 몸을 치료해 병을 낫게 하는 전통적 효과가 중심이지만 환경적, 심리적, 사회 문화적 효과도 포함한다. 이처럼 의료적 행위를 주도적으로 포함하며 정서적,

심리적 행위도 포함하는 것이다. 치유의 방법, 형태, 요인, 효과는 다양하다. 따라서 치유는 물리적 치료 행위, 정신적 회복과 안정 행위, 정서적 안도감 확립 행위 등 여러 가지 행위를 포함해 '몸과 마음이 나아지는 행위 전반'을 의미한다.

치유와 치료를 혼용하는 경우를 국내 여러 현장에서 봤다. 이 책에서는 치유의 개념을 정립하고 원인 분석, 분류, 효과, 처방 등을 하는 넓은 의미의 치유 관점으로 접근하겠다. 다음 표에서 치유와 치료의 정의, 과정, 초점 등을 요소별로 정리했다.

치유와 치료의 구분

구분	치유(Healing)	치료(Treat, Cure)
정의	의학을 통한 직접적인 처지 이외에도 환경적, 심리적, 사회적, 문화적 자원을 통해 병의 치료 및 건강 예방과 증진까지 포함	수술, 약물 투여 등 의학을 통한 직접적인 처치로 병을 낫게 함
과정	온전함 추구(wholeness)	증상의 완화
초점	질환(illness)을 가지고 있는 사람	질병(disease)의 과정(진행)
목표	완전한 건강과 온전함을 경험	병의 증상이나 증후 배제
활용	인간의 자연스러운 능력, 자기 책임, 본능적 욕구의 충족(불안, 초조, 불쾌감 등의 개선)	외부 요소를 활용한 전문가의 처치, 기계적

자료: 한국농촌경제연구원

웰빙과 힐링

치유산업에서 웰빙Well-being과 힐링Healing이 자주 거론된다. 치유라는 개념도 웰빙, 힐링과 유사한 개념으로 많이 사용된다. 또한 치유관광 분야에서 웰니스관광, 힐링관광 등의 용어가 많이 사용한다. '웰빙'의 사전적 뜻은 "몸과 마음의 평안함과 행복을 추구하는 태도나 행동"이다. '힐링'은 "지치고 상처 입은 몸과 마음을 치유하는 것"이다. 웰빙과 힐링은 관점도 다르고 엄격하게 보면 차이가 있다. 그러나 둘 다 행복을 추구한다는 의미에서 비슷하게 사용된다.

웰빙이 건강한 몸과 삶의 만족을 강조하는 반면, 힐링은 마음과 정신의 상처를 치유하는 데 초점을 둔다. 웰빙은 물질적 풍요를 강조하고 힐링은 정신적 치유를 강조한다. 힐링은 정신적 스트레스를 줄이거나 해소한다는 의미가 크다. 그러나 현실에서 두 용어는 많이 혼용된다.

웰빙 바람이 힐링을 불러왔다고 한다. 시대적으로 보면 웰빙은 배고픈 시대를 탈피해 더 나은 시대로 가자는 움직임에서 생겨났다. 더 나은 시대로 가자는 것은 배고프고 물질이 부족한 시대에 인간이 가졌던 자연스러운 욕구다. 그리고 웰빙이 어느 정도 충족되자 새로운 욕구가 생겨났다. 삶의 질이나 가치가 더 중요하다는 생활 방식이 등장하는데, 이 방식이 힐링이다. 힐링은 건강 측면을 강조하기는 하나 그것에만 중점을 두는 것은 아니다. 웰빙이 상류층 위주로 잘 먹고 잘 살자는 모습으로 잘못 비치자, 웰빙을 치유하는 차원에서 힐링이 대두됐다는 견해도 있다. 간단히 웰빙의 부작용과 비판을 줄이자는 데서 힐링이 나타난 것으로 보는 게 좋겠다. 경제적 풍요를 추구하면서 빈부 격차를 줄이며 사회적 부조리를 해결하자는 것이다. 웰빙과 힐링의 차이를 설명하면 다음 표와 같다.

시대적으로 보면 웰빙은 미국의 중산층이 초기에 강조했던 삶의 형태였으나 지금은 많이 바뀌었다. 우리나라에서도 2000년대 이후의 삶의 방식이나 가치가 변해가는 것을 이러

웰빙과 힐링의 구분

구분	웰빙(Well-being)	힐링(Healing)
개념	신체적 건강과 삶의 만족도 제고	마음과 정신의 상처 치유
고조기	경제적, 사회적 안정기	경제적, 사회적 침체기
연관 산업	기본 의식주 중심(친환경, 유기농, 에코 상품 등)	의료, 문화까지 확장(심리 치료, 멘토링, 템플스테이 등)
관심 소비층	중산층 위주	전 소비층

자료: 삼성글로벌리서치

한 방식으로 설명하기도 한다. 치유산업이 등장한 배경을 웰 빙을 넘어 힐링으로 나아가는 삶의 방식 차이로 설명하는 것이다.

산업의 변화

산업이란 인간의 생활을 경제적으로 풍요롭게 하기 위해 재화나 서비스를 생산하는 것을 말한다. 농업, 목축업, 임업, 광업 등 유형물을 생산하는 것도 있고 상업, 금융업, 운수업, 관광업, 서비스업 등 생산에 직접 연결돼 나타나지 않은 무형의 것도 있다. 인간이 생활하기 위해 필요한 재화나 서비스를 생산하는 활동 전반을 의미한다.

경제가 발전하고 세상이 변하자 산업의 개념도 변했다. 물질적 생산은 물론이고 비물질적 행동을 다루는 산업도 많아졌다. 산업의 중점도 경제 발전과 시대 상황에 따라 달라졌다. 과거에는 생산하는 재화의 종류에 따라 1차, 2차, 3차 산업으로 나눴으나 최근에는 4차, 5차, 6차 산업으로 부르기도 한다. 전통적인 1차, 2차, 3차 산업이 합쳐진 6차 산업을 농림수산식품 분야에서 자주 사용한다. 농산물의 1차생산

부문, 2차 가공·저장·유통 부문, 3차 서비스 부문을 합쳐 6차 산업이라고 부르는 것이다.

치유산업의 개념도 변하고 있다. 치유의 영역이 다양하고 치유의 수단, 효과, 정책도 변하고 있다. 치유산업은 6차 산업으로 다뤄야 한다. 치유농업의 경우 농산물 생산에 중점을 둔 치유농업이 중심이었으나 이제는 판매, 관광, 서비스에 중점을 둔 치유농업도 등장했다. 치유관광, 치유음식, 산림치유, 해양치유 등 타 분야도 비슷하다. 따라서 치유산업의 지향점을 분명히 하고 치유산업에 대한 정의, 대상, 범위, 근거, 산업화, 비전, 목적 등을 제대로 수립해야 한다.

'치유'는 영어로 '힐링Healing'으로 표기한다. 그럼 '치유산업'은 '힐링인더스트리Healing Industry'가 된다. 그러나 힐링인더스트리 개념으로 치유를 설명하면 부족한 게 상당히 많다. 치유산업을 힐링인더스트리로 표기하면 신체적 건강 회복에 중점이 모아지며 '인간을 치유하는 산업'으로 한정되게 된다. 최근 치유는 관광과 경제 발전 등 다양한 목적으로 활용되고 있다. 여기에는 인간의 치유 활동뿐만 아니라 동물이나 식물 치유, 자연이나 환경 치유도 포함된다. 치유농업의 상당 부분이 반려동물 등 동물과 관련된다. 인간의 치유 활동도 변화하고 있다. 치유농업의 경우 생산 중심의 치유에서 유통, 가공, 저장, 수출, 서비스 활동 중심의 치유로 변해가고 있다. 치유산업은 사람, 동물, 식물, 자연, 환경 등을 두루 치유하는 전반적인 산업으로 이해해야 할 것이다.

따라서 치유산업에 대한 영어 표기를 'Healing Industry'로 하기보다 치유의 다양성, 치유의 영역 확대, 치유의 여러 특성을 담아 우리말을 사용해 '치유인더스트리Cheeyou Industry'라고 하는 것이 바람직하다. 우리나라가 치유산업을 주도적으로 끌고 가는 데 도움이 될 것이다.

2 치유산업의 추진 배경

치유산업이 추진되는 배경은 여러 가지다. 육체적, 정신
적, 정서적 등의 다양한 이유에서 추진된다. 치유는 국가나
시대 상황에 관계없이 인간의 삶을 위해 필요하다. 전쟁을
하거나 전쟁이 끝난 후에도 치유를 해야 한다. 전쟁을 겪고
있는 국가에서 치유는 반드시 추진돼야 한다. 전쟁으로 입은
국민의 육체적 상처는 반드시 치료해줘야 하며 정신적, 심리
적 치유도 필수적이다. 러시아-우크라이나 전쟁을 지켜본 권
기창 전 우크라이나 대사는 우크라이나 재건을 위해 경제적
복구도 중요하지만 국민들의 심리적, 정서적 치유도 중요하
다고 힘주어 말한다. 그는 치유의 필요성을 다음과 같이 강
조한다. "사이렌 소리만 나면 부모와 함께 방공호로 대피해

야 하는 우크라이나 어린이는 놀이터에서 자유롭게 뛰어놀던 일상을 잃어버렸다. 어린이의 정신적, 심리적 트라우마를 치유하는 것이 우크라이나의 미래를 위해 매우 중요하다"라고 한다. 치유는 어떤 국가든 어떤 상황이든 반드시 필요하다는 말이다.

치유가 우리나라에 대두된 배경도 여러 가지다. 건강과 안전을 중시하는 인식, 급속한 고령화로 인한 인구구조 변화, 자연 친화적 삶을 추구하는 국민 행태, 농업의 여건 변화, 지방 소멸 시대 도래 등 여러 가지 원인이 있다. 이어서 최근 치유 관련 이슈가 된 과제를 중심으로 살펴보겠다.

건강에 대한 관심 증대

건강에 대한 관심이 크게 증가했다. 배고픈 시대를 넘어 어느 정도 먹거리가 해결된 상황이지만 건강에 대한 관심은 지속적으로 증가했다. 이제는 인간의 삶이나 생활 목적이 배고픔 해결을 넘어 건강과 행복을 동시에 추구하는 형태로 변해가고 있다. 대화의 주제가 치유, 힐링, 삶, 행복, 웰빙 등으로 모아지고 있다. 당초 건강을 중시해 추진되던 치유산업은 이제는 새로운 관점에서 각광받고 있다. 치유관광, 치유음식, 치유농업, 산림치유, 해양치유 등 새로운 분야가 활발히 대두된다.

코로나19라는 세계적 팬데믹을 거치면서 치유에 대한 관심이 급속히 증가했다. 코로나19 사태 이후 우리 국민의 건강과 안전에 대한 관심이 매우 높아진 것은 각종 지표에서 잘 나타난다. 국민의 70%가 스트레스나 우울감, 무기력, 불안에 빠져 있으며 지난 5년간 우울증과 불안장애로 약 900만 명이 치료를 받았다고 한다. 또한 스트레스 고위험은 20%에 이르고 코로나19 장기화에 피로감을 호소하는 국민 비중이 85%를 넘었다는 지적이다. 경제적으로 발전한 우리나라는 세계의 주목을 받고 있지만 그 이면에는 우울함과 외로움이 있다며 미국의 작가 마크 맨슨Mark Manson은 "한국이 세계에서 가장 우울한 나라"라고 지적했다.

세계적 지표에서도 이러한 불만이 나타난다. '국민행복지수'라는 국제 지표에 따르면 2022년 우리나라는 경제협력개발기구OECD 38개 국가 중 35위를 차지했으며 자살률은 인구 10만 명당 25.2명으로 1위로 나타났다. 참고로 국민행복지수는 갤럽세계여론조사Gallup World Poll가 세계 각국의 주관적 행복을 조사한 결과다. 또한 코로나19 바이러스 방역 대책에 대한 국민 불만도 많았다. 방역 지침이 들쭉날쭉하고 매일 언론에 나와 확진자 수를 발표하면서 국민에게 인내와 희생을 요구한 것 외에 정부가 제대로 한 것이 무엇이냐는 비판이 많았다.

불만과 스트레스 증가로 인한 사회적 비용도 엄청났다. 2017년 국민건강보험공단 자료에 따르면 정신장애와 행동장애로 인한 사회 경제적 비용은 2006년 4조 원에서 2016년 11조 원 규모로 크게 늘어났다. 치매로 인한 사회적 비용도 2010년 약 8조 8,000억 원에서 2020년 약 17조 7,000억 원으로 크게 늘어났다.

급속한 고령화

치유산업이 대두되는 이유로 인구구조의 급속한 고령화를 들 수 있다. 우리나라는 2022년 기준 65세 이상 인구 비중이 약 18%를 차지하는 고령사회다. 2025년에는 이 비율이 20.6%로 증가돼 초고령사회에 진입할 것으로 예상된다. 초고령사회는 총 인구 중 65세 이상의 인구 비율이 20% 이상인 사회를 말한다. 65세 이상 인구 비중이 7% 이상이면 고

령화사회Ageing Society, 14% 이상이면 고령사회Aged Society, 20%
이상이면 초고령사회Super-aged Society로 분류한다.

최근 언론 보도에 따르면 전국 기초자치단체의 과반
(51.6%)이 이미 65세 이상 인구가 20%를 넘는 초고령사회에
진입했다고 한다. 초고령사회에 진입한 기초자치단체의 비
중이 2015년 33.2%에서 2022년 51.6%로 18.4%p 증가했다.
전국 기초자치단체의 절반 이상이 초고령사회에 진입한 심
각한 상황이다. 2022년 기준 고령층 비중이 가장 높은 지역

시·군·구별 장래 소멸 위험 지역

■ 소멸 고위험   ■ 소멸 위험 진입

2017년	2047년	2067년	2117년
12곳 (5.2%)	157곳 (68.6%)	216곳 (94.3%)	221곳 (96.5%)
71곳 (31.0%)	72곳 (31.4%)	13곳 (5.7%)	8곳 (3.5%)

자료: 감사원

주요 국가 고령화 진입 속도

국가	도달 연도			소요 연수	
	고령화사회 (7%)	고령사회 (14%)	초고령사회 (20%)	고령사회	초고령사회
한국	2000년	2017년	2025년	17년	8년
일본	1970년	1994년	2006년	24년	12년
미국	1942년	2015년	2036년	73년	21년
독일	1932년	1972년	2009년	40년	37년
프랑스	1864년	1979년	2018년	115년	39년

자료: 통계청

은 경북 의성군(44.7%)이었고 이어서 전남 고흥군(43.0%), 경북 군위군(42.6%), 경남 합천군(42.0%)이 뒤를 이었다. 앞으로 전국의 시·군·구가 소멸될 위험이 더욱 커지고 있다.

고령화된 인구 비중도 문제지만 우리나라의 초고령화 속도가 세계에서 가장 빠르다는 점이 더 심각하다. 초고령화 진입 기간은 프랑스가 39년, 독일이 37년, 일본이 12년 소요됐으나 우리나라는 8년 만에 초고령사회에 진입했다. 많은 국민이 고령화에 직면했고 그에 따른 치매 등의 질병으로 요양원이나 요양병원에서 쓸쓸히 노후를 보내면서 죽음을 기다리는 현실이다. 피할 수 없는 현실이지만 그러한 모습을 보는 우리는 너무 안타깝다. 치유농업 활동 등 치유산업을 통해 인간다운 노후를 보내자는 주장이다.

고령화 증가로 인한 비용 부담도 엄청나다. 고령자 수가 많아지자 기초연금 수급자가 크게 늘어났다. 2014년 도입 당시에는 약 435만 명이었으나 2024년에는 약 701만 명이 될 것으로 전망된다. 고령화의 빠른 진전으로 수급자가 늘어나면서 관련 예산도 크게 늘어 10년 전 약 6조 9,000억 원에서 2024년 약 24조 4,000억 원으로 크게 증가했다. 수급자 예산 증가에는 수급자 수 증가와 기준 확대 등 여러 요인이 있다. 2024년의 경우 기초연금 선정 기준액을 단독가구 213만 원, 부부가구 340만 8,000원으로 결정한 것 등이다.

나는 베이비부머 첫 세대다. 6·25전쟁 이후 출생률이 높을 때인 1950년대 중반부터 1960년대 초반에 태어난 베이비부머 세대는 숫자로는 약 700만 명이고 국민 전체의 14%를 차지한다. 현재는 대부분 현업에서 은퇴했으며 다양한 형태로 제2의 인생을 살아가고 있다. 그런데 이들에게 공통적인 불만이 몇 가지 있다. 첫째는 국가나 정치에 대한 불만이다. 국가 경제는 세계 10위권에 진입했으나 개인은 가난한 현실이다. 정치적 견해나 진영으로 갈라져 각종 모임이나 회식 자리에서 의견이 다른 사람들과 갈등이 많다. 둘째는 청춘을 바쳐 일해온 과거 직장이나 후배에 대한 불만이다. 후배가 선배를 존경하지 않고 고마움도 모른다. 셋째는 가족에 대한 불만이다. 가장으로서 어렵고 힘들게 살아왔는데, 가족마저 힘들게 살아온 가장의 노력을 알아주지 않는다는 것이다. 베이비부머 세대를 힘들게 하는 것은 더 있다. 껑충 뛴 세금 고지서, 건강 문제, 노후 일자리 부족 등 여러 가지다. 치유산업이 이러한 불만의 탈출구로 등장하는 이유기도하다.

탈도시 추세 증가

치유산업이 대두된 배경으로 도시민의 도시 탈출 현상을 든다. 도시 중심의 삶에서 벗어나고 싶은 사람들의 욕구가 많다. 도시 삶에 대한 스트레스 증가와 피로감 확산, 무기력 증대로 도시민의 탈도시 현상이 늘어나고 있다. 탈도시를 추구하는 현상은 심리적 차원에서 녹색갈증Biophilia으로 설명하기도 한다. 녹색갈증은 정신분석학자이자 사회심리학자인 에리히 프롬Erich Fromm이 주장한 것이다. 생명이 있는 것 혹은 생명과 관련된 것에 끌리는 심리적 성향을 설명한다. 저명한 생물학자이자 과학저술가 에드워드 윌슨Edward Wilson이 1984년

그의 저서 《바이오필리아$_{Biophilia}$》를 통해 바이오필리아 가설을 주장하면서 이 용어가 널리 알려졌다. 녹색갈증 추구 원인은 다양하나 인간이 본질적으로 녹색의 자연을 좋아하고 그 속에서 살고자 하는 갈증이 있다는 것이다. 녹색갈증을 추구하는 행태는 인간은 결국 자연으로 돌아온다는 자연 회귀본능과 비슷하다.

최근 국민 인식도 자연 추구형으로 변화하고 있다. 자연과 환경에 대한 국민 관심이 높아지고 주말이면 도시를 떠나 자연 속으로 가는 사람이 많다. 언론도 〈나는 자연인이다〉 같은 자연적인 삶을 추구하는 프로그램에 관심이 많다. 최근 강조되는 것이 '5도 2촌'이다. '5일은 도시에서, 2일은 농촌에서 보낸다'는 움직임이다. 국민의 관심이 건강한 육체와 정신의 회복, 새로운 삶의 방식을 추구하는 치유산업에 모아지는 것이다.

지방 소멸 방지

치유산업은 지방 소멸을 방지하기 위해 필요하다. 치유산업은 지방이 경쟁력을 가지는 산업이다. 치유자원의 대부분이 지방에 소재하기 때문이다. 산, 강, 바다, 온천, 섬, 향토 음식, 한방, 사찰 등 치유자원의 대부분이 지방에 자리 잡고 있다. 지방이 높은 경쟁력을 가지는 치유산업을 발전시켜 지방 소멸을 방지해야 한다. 수도권 집중을 억제하며 국토의 균형 발전을 기하자는 것은 어제오늘의 주장이 아니다. 인구가 줄어들고 지방이 소멸되는 현상이 심각해지는 상황을 타개하고자 정부가 여러 대책을 추진했으나 성공하지 못했다. '지난 16년간 280조를 투입했으나 결과는 실패'라고 평가받는 지방 균형 발전 대책이다. 서울로, 수도권으로 향하는 인간의 기본적 욕구를 충족하지 못했고 지방이 장점을 가지는 산업을 육성하지 못했기 때문이다.

정부는 지방 소멸 방지를 위한 여러 가지 대책을 추진하고 있다. 행정안전부 균형발전제도과에서 지방의 균형 발전을 담당했던 이형석 과장은 지방 소멸 현상을 분석하고 여러 대책을 제시한다. 그는 전국 시·군·구의 66%(151개소)에서 인구가 감소하고 있으며, 과거 정책이 실패한 이유를 지역 주도가 아닌 낙후 지역 위주의 하향식 지원과 중앙 부처 사업 간 연계가 미흡했기 때문이라고 한다. 지방 소멸 방지를 위한 대책으로 89개소 인구 감소 지역을 지정하고, 〈인구감소지역 지원 특별법〉을 제정하며, 지방 소멸 대응 기금 조성 및 지원, 생활 인구를 활성화하는 등 다양한 대책을 추진할 것이라고 힘주어 말한다.

지방 소멸을 방지하기 위한 대책으로 치유산업을 적극 추천한다. 치유산업은 지방이 경쟁력을 가지고 있고 지방의 특성과 장점을 살릴 수 있기 때문이다. 윤석열 정부에서도 "대한민국 어디서나 살기 좋은 지방시대"라는 국정 목표를 정해두고 지방 살리기에 전념하고 있다. 대통령 직속 지방시대위원회 추현호 위원은 "치유산업에 농촌과 도시를 아우르는 관점과 지속 가능한 수익 창출 구조가 들어가야 농촌 청년이 희망을 가질 수 있다"라며 지방 살리기를 위한 치유산업을 강조한다. 또한 지방 경제 활성화를 위한 많은 연구를 수행한 지호선 팍스농 대표는 "인구가 감소하는 지역에는 SOC 지원 중심의 과거 정책 추진의 사업 방식은 효과가 미흡하다. 선진국 사례를 봐도 인체의 건강 증진 목적으로 시작한 치유산업이 지역 경제 활성화와 관광 사업 발전으로 이어진다. 우리나라 인구 감소 지역도 특성에 알맞은 치유산업을 기획하고 발전시켜야 한다"라고 치유산업이 인구 감소 대응 대책으로 유망하다고 강조한다. 지방의 특성을 살리고 지방 어디에서나 시행할 수 있으며 글로벌 시대에 성공 가능성이 높은 치유산업을 적극 추진해야 한다.

농촌 경제 침체와 농업의 영역 변화

치유산업이 대두된 배경으로 농촌 경제 침체를 든다. 농산물 가격을 인상해 농가 소득을 증대시키거나 침체된 농촌 경제를 활성화시키는 데는 한계가 있다. 농촌 경제가 어려워 농촌이 소멸될 위기라고 한다. 행정안전부가 지정한 인구 감소 지역 89개소 중 77%인 69개소가 농촌 지역으로, 소멸 위기에 놓인 농촌에 새로운 성장 동력이 필요하며 그 방안으로 치유산업이 필요하다.

아울러 최근의 농업 정책 중점이 농산물 생산 증대 위주에서 가공, 유통, 수출 등으로 이동하고 있다. 즉, 농촌 공간에 대한 국민 인식이 변하고 농업의 영역이 다양해지고 있다. 농산물 생산 공간에서 국민의 휴식 공간으로 이동하는 것이다. 관광, 휴양, 오락, 교육, 체험 등 다양한 형태의 활동이 농촌 공간에서 이뤄진다. 그 결과 농촌에 활기를 주는 융복합 사업이 등장해 다양한 형태의 교육 농장, 체험 농장, 돌봄 농장이 농촌 현장에서 치유산업 형태로 운영되는 상황이다.

농업의 역할 변화로 농업과 농촌의 다원적 기능이 재인식되고 있다. 농업과 농촌은 식량이라는 먹거리를 제공하는 기능 외에 환경과 전통문화 보전 기능, 지역사회 유지 기능, 치유 기능 등 다양한 기능을 한다. 최근 기후변화와 식량 위기로 인해 식량의 안정적 공급 기능이 더욱 강조되고 있다. 이처럼 농업과 농촌의 역할이 변화하고 새로운 기능이 추가되는 것은 많은 점을 시사한다. 농업은 신소재, 바이오, 기능성 식품, 신자재 등 다양한 분야가 추가돼 새로운 복합 산업으로 등장하고 있다. 도시농업, 스마트농업 등 새로운 농업 형태가 인기를 끌며 범위와 영역이 상상을 초월하게 변화 중이다. 치유농업도 그 변화의 한 부문에 자리 잡고 있다.

농업의 영역 변화

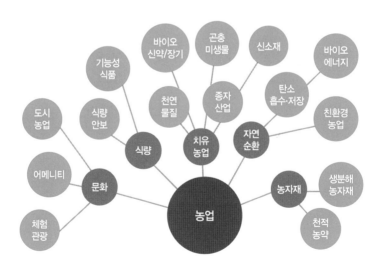

3 한국의 치유산업 현황과
앞으로의 과제

치유산업의 개요

국내 치유산업은 산림치유, 치유농업, 해양치유가 가장 선두에서 추진되고 있다. 산림치유는 산림청에서, 치유농업은 농촌진흥청에서, 해양치유는 해양수산부가 주도적으로 추진 중이다. 산림치유는 산림 경관을 보거나 휴양 개념에서 시작했고, 치유농업은 원예치유와 도시농업 개념에서 출발했다. 그리고 해양 관광 개념에서 출발한 해양치유가 최근 활성화되고 있으며 치유관광도 역점적으로 추진 중이다. 국내 치유산업이 추진된 시기는 오래되지 않았으나 향후 활성화되고 크게 도약할 전망이다. 우리나라의 치유산업은 공통적으로 국민 건강을 증진하는 서비스를 제공하며 자연자원을 활용하고 일자리 등 부가가치를 창출하는 효과가 있다.

국가가 법령으로 치유산업을 관리하는 분야는 소관 부처 책임하에 엄격하게 관리된다. 치유 관련 법령은 분야별로 다른데, 치유농업의 경우 〈치유농업 연구개발 및 육성에 관한 법률〉(약칭 '치유농업법')이다. 치유 법령의 주요 내용은 치유 목적, 지원 시설, 서비스, 자격 취득, 종합 계획 수립 등의 세부 사항을 포함하고 있다. 국내에서 추진 중인 주요 치유산업에 대해 자세히 알아보자.

① 산림치유

산림치유는 산림청이 주도하는 산림의 향기와 경관 등 다양한 요소를 활용해 인체의 면역력을 높이고 건강을 증진하는 치유 활동이다. 산림치유는 상당히 오래전부터 실시됐으며 국민의 호응도 매우 높다. 산림치유를 하는 산림자원으로는 햇빛, 경관, 온도, 피톤치드, 먹거리, 소리, 습도 등 여러 가지가 있다.

과거에는 산림치유를 통해 인체의 면역력을 높이고 신체

적, 정신적 건강을 회복시키는 것이 중요한 목적이었다. 그러나 최근에는 질병의 치료를 넘어 여가 생활이나 휴식 등 다양한 목적을 추구하는 추세다. 산림청은 산림치유를 추진하기 위해 2005년에는 〈산림문화·휴양에 관한 법률〉을, 2015년에는 〈산림복지 진흥에 관한 법률〉을 제정했다. 이러한 법령을 토대로 '산림문화·휴양 기본계획', '산림치유 활성화 추진계획', '산림복지 진흥계획' 등 다양한 계획을 수립해 추진하고 있다.

② 치유농업

치유농업은 농촌진흥청이 주도하는 농작물 재배나 동물 사육, 농촌 경관 등을 통해 정신적, 육체적 건강을 회복하는 산업이다. 치유농업은 품목이나 참여자, 추진하는 형태가 다양하다. 또한 치유농업의 목적도 개인의 건강 증진에서 시작했으나 최근에는 건강 증진이나 치유의 관점을 넘어 지역사회 활성화와 국가 경제 발전을 추구하는 현실이다.

2021년 3월 치유농업의 기본이 되는 법령인 〈치유농업 연구개발 및 육성에 관한 법률〉이 제정됐다. 2023년 6월에는 치유 농장 품질 인증제를 실시하기 위해 관련 법령을 일부 개정했다.

치유농업은 여러 형태가 있고 많은 과제를 다룬다. 중요한 과제는 농작물이나 꽃의 재배, 동물 사육, 치유농업 시설 확충, 치유농업 교육, 치유농업사 배출, 치유농업 정보 확산 등 여러 가지가 있다. 이뿐만 아니라 치유농업은 어린이나 청소년에게 올바른 정서를 함양시키는 좋은 효과를 가져오며, 고령 인구가 증가하고 은퇴자가 많아짐에 따라 치유농업에 대한 국민의 관심이 증가하고 있다.

③ 해양치유

해양치유는 해양수산부가 주도하는 바다, 갯벌 등 여러 해양자원을 이용해 몸과 마음의 건강을 회복하는 치유 활동이다. 해양치유 자원은 기후, 바다, 갯벌, 태양광, 해조류 등 다양하다. 우리나라에서는 최근에 해양치유가 대두됐으나 국제적으로 해양치유는 과거부터 관광산업과 연계해 크게 활성화되고 있다. 현재 해양수산부가 해양치유산업의 중요성을 인식하고 다양한 대책을 추진 중이다.

2020년 2월 해양치유의 근거가 되는 법령인 〈해양치유자원의 관리 및 활용에 관한 법률〉이 제정됐다. 이 법령을 토대로 거점 센터 구축, 해양자원 연구 개발 등 여러 대책을 추진하고 있다. 2023년 11월 전남 완도에는 국내 최초로 완도해양치유센터가 개장돼 운영 중이다.

④ 치유관광

치유관광은 문화체육관광부가 주도하는 여행 등 관광을 통해 신체적, 정신적 건강을 증진하는 치유 활동이다. 치유관광은 웰니스관광으로도 불리며 현재 세계적인 관광 트렌드다. 처음 치유관광은 관광을 통해 건강을 증진하기 위해 추진됐으나 최근에는 치유관광을 이용한 관광산업 발전에도 큰 역점을 두고 있다. 윤석열 정부에서 치유관광산업 육성을 국정 과제로 채택해 중점적으로 추진 중이다. 관련 법령을 제정하는 등 다양한 치유관광 정책을 역점적으로 추진하고 있다. 다양한 정책의 추진으로 한국 관광의 새로운 변화를 기대한다.

⑤ 치유음식

건강에 좋고 몸에 좋은 효과를 가져오는 음식을 치유음식이라고 할 수 있다. 치유음식은 우리나라에서 오래전부터 강조돼온 음식이지만 그것의 형태나 재료, 제조 방식, 효과가 다양해 공식적으로 인정받지 못하고 있는 상황이다. 또한 치유음식에 대한 법이 존재하지 않아 정부 차원의 관리가 되지 않으며 학계나 업계의 공식적인 합의도 이뤄지지 않은 현실이다.

최근 치유농업, 산림치유, 해양치유 등 치유산업이 대두되자 치유음식의 중요성이 다시 부각되고 있다. 치유음식이 치유 프로그램의 효과에 많은 영향을 미치기 때문이다. 다행이 농촌진흥청이 주도해 2023년 12월 치유음식에 대한 용역 결과를 발표하고 치유음식의 향후 방향과 발전 대책을 추진 중이다.

⑥ 정원치유·심리치유·승마치유·기타

치유산업의 분야는 다양하다. 앞서 설명한 분야 외에도

치유 관련 분야에는 여러 가지가 있다. 정원을 관리함으로써 치유하는 정원치유는 정원을 체계적으로 관리해 수목 유전 자원의 보전과 더불어 국민 삶의 질을 향상시키고 국가 경제 발전에 기여하는 치유다. 정원치유는 〈수목원·정원의 조성 및 진흥에 관한 법률〉에 의거해 관리되고 있다.

심리, 상담, 코칭 분야는 치유산업과 직간접적 관련이 많다. 심리 상담과 코칭은 치유산업에 많이 적용되므로 치유의 여러 분야에서 심리치유 교육, 상담, 코칭이 필요하다. 또한 치유라는 단어 자체가 정서적, 심리적 요소를 포함한다. 동국대학교 상담코칭학과 이송이 교수는 치유산업에서 심리 영역 확대와 현실적 적용을 언급하면서 "상담 코칭은 치유산업의 중요성이 인간이 지니고 있는 심리적 특성을 살펴봄으로써 각 개인의 성향과 욕구에 따른 건강한 심리 상태로 복원하고 발전시키는 것에 있다"라며 치유산업과의 관련성을 강조한다.

승마치유는 장애인이나 심리 환자에게 대단히 유용한 치유 수단이다. 승마치유의 중요성에 대해 경희대학교 후마니타스 칼리지 박숙경 교수는 "승마치유는 비인간 동물인 말과의 교감과 움직임을 통해 경쟁과 도시의 삶에 지친 현대인을 동심과 자연으로 데려가고 말을 통해 자아를 인식하며 스스로 치유하도록 돕는 중요한 치유다"라고 강조한다.

동물교감치유도 비슷하다. 축산업이 국민의 식탁에서 분명 중요한 역할을 하지만 동시에 부정적인 정서도 있다. 따라서 축산업에 대한 국민 정서를 긍정적으로 전환하는 방법의 하나로 동물교감치유 사업을 추진하는 것이다. 제주대학교 생명자원과학대학 양창범 교수는 "어린이들이 동물과 함께 희로애락을 경험하면 학교와 가정에서 건강한 사회 구성원으로 성장한다"라고 강조한다.

소리치유의 중요성도 매우 높다. 대림대학교 방송음향기술과 김재평 교수는 "소리는 건강한 생체 유지, 바른 인성 형성, 바람직한 영성 회복에 많은 영향을 준다"라면서 소리치유의 중요성을 강조한다. 음악이나 미술을 통한 치유 효과나 영향은 더 강조할 필요도 없다. 향후 다양한 매체 치유나 새로운 치유 형태를 동원해 치유산업을 발전시켜야 한다.

치유산업의 앞으로의 과제

치유산업의 향후 과제는 너무나 많고 다양하다. 치유관광, 치유농업, 산림치유, 해양치유 등 현재 치유 분야에서 당면하는 과제도 많고 향후 치유산업이 더욱 발전하기 위해 필요한 과제도 많다. 치유산업이 발전하기 위해서는 의료 분야를 포함해 교육, 과학기술 분야 등 다양한 영역과의 협력과 융복합이 필요하다. 특히 IT, BT, NT 등 최첨단 과학기술이 치유산업에 반영돼야 한다. 아울러 치유산업의 조사, 평가, 운영에 있어 정부의 통합 조정도 필요하다. 치유산업의 다양한 과제 중 몇 가지를 제시하겠다.

① 치유산업 분야 간 협력과 융복합

치유산업은 분야 간 협력과 융복합이 가장 중요하다. 관광, 농업, 산림, 해양 등 치유 분야 간 프로그램이 다르고 법령과 제도도 다르므로 분야 간 협력과 융복합을 통해 치유정책의 중복과 낭비를 줄여야 서로 윈윈하는 효과를 낼 수 있다. 치유산업 발전에 관한 국제 세미나에서도 이러한 점이 강조됐다. 2024년 1월 전남 완도의 완도해양치유센터에서 개최된 국제 세미나에서 해양치유 발전을 위해 치유관광, 치유음식, 치유농업이 연계 발전돼야 함을 강조했다. 특히 치유산업은 의료 분야와의 협력이 중요하다.

더불어 치유산업은 타 분야와의 협력과 융복합으로 더 발전할 수 있다. 교육, 과학기술, 문화 분야와의 협력도 필요하다. 교육 분야와의 협력과 관련해 한광식 한국전문대학교육협의회 산학교육혁신연구원 원장은 "치유산업은 관광, 농업, 산림, 해양 등 다양한 분야에서 이뤄진다. 이러한 치유산업이 성과를 내고 제대로 발전하기 위해 분야별 교육과 인력 양성, 자격시험 준비 등이 대학 차원에서 이뤄져야 한다. 특히 지방이 경쟁력을 가지는 치유자원을 적극 개발함으로써 지방 일자리를 창출해 지방 소멸에 대응할 수 있다. 향후 대학에서 치유산업 이론 개발과 현장 실습, 융복합을 통해 새로운 산업으로 육성해야 한다"라고 치유산업과 대학과의 협력을 강조한다.

　　치유산업의 많은 자원이나 시설은 건축, 조경과 관련된다. 치유 농장이나 치유 시설은 치유 측면을 고려한 주변 환경과 조화를 이뤄야 한다. 우리나라 건축물에서 철학을 강조하는 경동대학교 건축디자인학과 권오만 교수는 "치유산업이나 치유 농장도 타 분야와 융복합해 새로운 가치를 나타내야 한다"라고 치유산업과 환경, 건축과의 조화를 강조한다. 청년 CEO로 주목받고 있는 허세영 루센트블록 대표는 "사람들을 위로할 수 있는 농촌 건축물과 빌딩, 치유산업을 새

로운 가치의 미래 자산으로 내다볼 필요가 있다"라고 설명한
다. 치유산업이 타 분야와의 협력과 조화가 중요한 사례는
여러 곳에서 찾아볼 수 있다.

치유산업의 분야 간 협력과 융복합도 중요하나 치유 분야
내에서의 융복합도 중요하다. 예를 들어 치유농업 내의 분야
간 융복합이다. 동물 복지를 증진시키기 위해서도 일반 농사
및 축산과의 협력이 필요하다. 치유농업은 치유축산 정책을
통해 동물 복지를 증진시킬 수 있다. 치유축산은 동물 복지
차원의 사육 시설 확충을 넘어 사료, 사육, 질병, 도축, 소비
등에서 새로운 가치를 확립하는 것이다. 치유축산의 중요성
에 대해 제주대학교 생명자원과학대학 양창범 교수는 "소비
자 인식 변화와 축산업자의 치유 마인드 제고, 그리고 축산
환경 개선을 위해 치유축산이 중요하다"라고 강조한다. 친환
경축산협회 이덕선 회장도 향후 동물 복지 축산을 위해서도
축산 분야를 치유축산으로 유도해야 한다고 주장한다.

치유축산 분야의 융복합은 현장에서도 강조된다. 축산 분
뇨 처리가 축산 환경 개선의 핵심적 과제다. 그동안 축산 환
경 개선을 위해 다양한 방안이 추진됐으나 효과는 미흡했다.
최근 축산 환경 개선을 위한 새로운 방안으로 분뇨를 태워
서 처리하는 기술적 혁신 방안이 제시됐다. 축산 환경 개선

도 축산에 대한 인식이 변화돼야 한다면서 치유축산을 제시한다. 예봉해 경상북도 축산 팀 팀장은 "축분 자원화는 인간과 환경을 동시에 치유하는 것으로서 의미가 크며 자원화 방식을 다양화해야 한다"라고 주장한다. 치유축산은 축산의 새로운 방향으로 현장에서 대두되고 있다.

② 의료 분야 협력 강화와 보험제도 반영

치유산업 발전과 효과 증진을 위해 의료 분야와의 협력은 매우 중요하다. 치유 효과의 분석과 검증, 치유 기자재 활용 등 치유산업 전반에 걸쳐 의료 분야와의 협력이 필요하다. 치유산업과 의료 분야 협력의 중요성은 많은 전문가가 강조한다. 치유산업과 의료 분야는 치유가 건강에 미치는 효과뿐만 아니라 국내 의료 분야의 새로운 위상 정립을 위해서도 필요하다. 치유 활동의 의료보험제도 편입이 강하게 요구됐으며 치유산업이 건강보험 등 의료 정책과 연계되면 큰 효과를 볼 수 있다. 치유 활동을 의료보험에 포함시키고 보건 복지, 요양병원, 요양원 등과 연계하면 노인 복지 정책에도 큰 효과가 있을 것이다. 네덜란드나 독일 등은 치유농업이나 해양치유 등의 효과를 인정하고 사회보장보험과 연계해 비용을 지원하고 있다. 그러나 치유산업에 의료보험을 적용하는 것이 바람직하나 현실적으로 어려운 것도 사실이다. 과학적인 입증 결과가 뒷받침돼야 하며 이익집단 간 이해 충돌이나 칸막이 문화를 벗어나야 하고 소요 재원 부담 문제도 해결해야 한다.

의사인 보건복지부 이경주 과장은 "치유산업은 선진국형 모델로, 의료와 밀접한 관계를 가지며 생활환경과 국민의 건강한 삶을 위한 혁신적인 솔루션을 제공할 수 있다"라고 주장한다. 예를 들어 우울증을 겪는 환자에게 약물 치료를 권하기보다 치유 농장에서 농작물을 가꾸며 정신적 건강을 회복할 수 있도록 하는 것이다. 치유 서비스 대상자와 제공 기회를 넓히고 요양병원 등 복지 시설과 연결해 추진하는 방안이다. 치유산업이 발전하기 위해서는 의료 분야와의 긴밀한 협력이 필요하다. 임윤정 동국대학교 일산병원 교수는 치유산업의 올바른 발전과 성장을 위해서는 건강과 의료 분야의 뒷받침과 견인이 중요함을 강조한다. 아울러 "인간의 건강과 행복 추구라는 목표에 치유산업이 기여할 긍정적인 영향에 대해서는 현대적인 의과학적 분석과 연구가 필요하다"라고 주장한다.

치유 분야와 의과학 분야와의 협력은 여러 사람이 강조하는 부분이다. 치유 현장을 찾는 많은 내국인뿐만 아니라 외국인에게도 필요하다. 치유 현장이 관광지로 변화하기 때문이다. 박광범 메가젠임플란트 대표는 "한국 의료는 이제 글로벌 관점으로 눈을 돌려 세계 속에 자리 잡아야 한다"라고 강조한다. 글로벌 시대를 맞아 한국 의료를 세계적 눈높이에 맞춰야 한다는 말이다. 이진구 치과의원 원장은 "한국의 치유산업이 제대로 발전하기 위해서는 의료 현장의 적극적인 협력이 필요하며 치유산업은 의료, 복지, 환경, 인간 등을 총괄하는 산업으로 인식돼야 한다"라고 주장한다. 한국 식품의 세계 수출 증대를 위해 건강과 기능성에 바탕을 둔 의과학적 효과를 강조해야 한다는 점도 같은 상황이다.

의료 분야와의 협력은 의료 행정의 변화다. 즉, 치유와 의료 분야 협력을 통해 복지 거버넌스를 구축하는 의료 행정의 추진이다. 아직도 원격지 진료 등 핵심 사항도 해결하지 못한다는 비판에 직면해 있는 의료 행정의 현실을 직시해야 한다. 의료 여건과 수요가 변하고 국민 관심도 변한다. 새로운 보건 의료 시스템을 구축하는 것은 시대적 사명이다. 보건복지부 이경주 과장은 "지금 우리는 헬스 케어 4.0시대에 살고 있다. 커넥티드 헬스 케어를 기반으로 한 보편적 건강 보장,

건강한 삶에 대한 관심 증가, 기술 발달, 법령 개정, 국민 건강 계획 등 초연결과 초지능화를 통해 대상자 중심의 건강을 제고하는 건강관리 시스템이 중요하다"라고 강조한다. 치유산업은 의료 행정의 협력은 물론이고 임상 연구 강화, 치유 전문 인력 확충 등 의료 분야의 많은 협력이 필요하다.

치유산업과 의료 행정의 협력은 의료 정보의 DB화와 ICT를 활용한 개인별 정보 수집 자동화 관점에서도 강조된다. 박종석 전 LG이노텍 사장은 "치유 정보는 치유 활동을 통해 자동으로 수집되는 시스템을 구축해야 하며 수집된 개인정보는 투입(음식물, 음료, 물, 공기 등)과 산출(대변, 소변, 혈압 등)의 관점에서 분석돼야 한다"라고 강조한다. 치유산업 분야의 융복합과 ICT 분야의 협력에 관해 이성민 엠텍비젼 대표는 "치유산업 분야의 융복합 및 ICT기술은 치유산업의 국제 경쟁력을 확보하기 위해 매우 중요한 분야다. 융복합은 지속적 성장과 혁신을 위한 핵심 전략으로, 기술과 사회 경제적 가치를 동시에 창출하는 역할을 한다. 또한 ICT기술의 지속적인 도입과 혁신은 효과적이고 획기적인 건강관리 솔루션을 제공하며 글로벌 시장에서의 위치도 강화할 수 있다"라고 강조한다. 정연훈 방주 대표는 "치유산업은 건강과 심리를 주제로 다루는 산업이지만 ICT와 융복합돼 있어 사업화 관점에서 새로운 비즈니스 모델로 구축돼야 한다"라고 강조한다. 치유산업을 추진하면서 확보한 건강 정보는 향후 푸드어드 바이저Food Advisor 자료로 활용될 수 있어 한국인의 식품 섭취 와 건강관리를 위해 매우 유용하다.

③ 치유산업기본법 제정

치유산업은 인간의 건강 증진과 국가 경제 발전이라는 큰 목적을 가진다. 치유산업의 목적을 달성하기 위한 분야별 정 책은 치유 영역, 치유 프로그램, 치유 대상자에 따라 다양하 게 추진된다. 치유산업은 장기적으로 국가 경제 발전이라는 거시적 목적을 달성해야 하므로 치유산업 전반을 총괄하는 가칭 '치유산업기본법'을 제정해 이러한 목적을 달성해야 한 다. 치유산업기본법을 제정함으로써 치유 현안에 대해 공동 으로 대응할 수 있고 치유 분야별 프로그램 중복을 방지하며 치유 효과를 높일 수 있다. 동시에 치유산업을 전반적으로 이 해하고 관리할 수 있는 '치유산업사' 제도도 검토해야 한다.
치유산업기본법의 구조는 치유산업의 개념, 목적과 지향 점, 영역과 주관 부서, 연구 개발, 지원 등을 종합적으로 다룰 것이다. 또한 시대적 상황을 반영하며 현재 치유 관련법에서 미비한 사항을 보완할 것이다. 개별 부처에서 독자적으로 운영하는 치유산업 관련법의 수정과 보완도 필요하다. 문화체육관광부에서는 '치유관광산업 육성에 관한 법률'을 입법 중이다. 또한 농촌진흥청에서는 치유 농장 인증제를 추진하기 위해 관련법을 개정 중이다. 그 외에도 산림문화·휴양에 관한 법률, 수목원·정원 관련법, 도시농업 육성 관련법, 산림 복지 진흥 관련법, 해양치유 자원 관리 관련법 등 많은 법률이 수정 보완 중이다.

향후 치유산업기본법을 중심으로 분야별 특성을 발휘할 수 있도록 해야 한다. 더불어 치유산업기본법을 주관할 부처도 중요하다. 치유산업은 여러 부처에 걸쳐 있으므로 인간, 동물, 식물, 환경, 복지 등을 종합적으로 아우르며 현실적으로 다룰 수 있는 능력과 의지를 가진 부처가 주관해야 한다.

④ 치유산업 연구 개발과 정보 수집 강화

치유산업 발전을 위해서는 치유 분야의 연구 개발을 강화해야 한다. 치유관광, 치유음식, 치유농업, 산림치유, 해양치유 등 분야별 연구 개발이 뒷받침돼야 치유 효과를 높일 수 있다. 연구 개발 범위와 영역은 다양하다. 다양한 치유산업의 추진 결과는 의학적 검증과 과학적 분석이 뒷받침돼야 한다. 신체적 효과는 물론이고 정신적, 정서적 연구도 강조되는 현실이다. 치유 기자재, 치유 상품, 치유 제품 디자인, 치유 상품 수출 등에 대한 연구도 필요하다.

치유산업의 기초에는 치유음식이 자리 잡는다. 치유음식이 치유산업의 효과에 직접적 영향을 주기 때문이다. 치유음식에 대한 연구는 세계적인 인기를 끌고 있는 한국 음식의 국제 경쟁력을 높이기 위해서도 필요하다. 한국 치유음식의 효능부터 치유음식 사용 자재, 치유음식의 제조와 마케팅 연구를 강화해 한국 식품의 수출 증대에 기여해야 한다. 농림축산식품부 산하의 연구 기관은 농림식품기술기획평가원IPET이며, 농촌진흥청 산하의 농업과 농촌의 현장 관련 연구 기관은 한국농업기술진흥원KOAT이다.

치유농업 연구는 한국 농업 발전에 새로운 길을 제시할 것이다. 한국 농업 연구는 새로운 여건에 직면해 있다. 농업과 식품 분야의 연구 개발에 있어 매일경제신문사에서 농업 전문 기자로 재직 중인 정혁훈 기자는 3가지를 지적한다. 기술을 활용한 노지 농업의 한계를 극복하는 문제, 로봇·설비·AI를 활용한 자동화 문제, 그리고 디지털 플랫폼의 등장에 따른 대응이다. 한국 농업의 자동화와 기술 변화에 따른 대응 방안을 잘 지적했다.

치유산업, 특히 농식품 분야의 치유 관련 연구는 경제성과 수익성을 고려해야 한다. 현실적으로 개별 기업이 이익을 내기는 어려우나 생산성을 높여나가야 한다. 치유산업은 국가나 지구 환경보호 등 거시적으로도 유익하다는 관점도 고려돼야 한다. 더불어 치유산업 연구 기관 간의 협력도 중요하다. 중앙정부와 지방자치단체의 연구 협력, 민간과의 연구 협력도 강화해야 한다. 치유산업의 연구 예산, 연구의 비효율, 연구 결과의 중복과 불필요한 낭비도 개선해야 한다.

⑤ 치유산업에 대한 국민 인식 강화

치유산업은 현재도 중요하지만 미래의 고부가가치 산업으로도 중요성이 커지고 있다. 따라서 치유산업에 대한 국민 인식을 강화하고 중장기적인 발전 방안을 마련해야 한다. 치유산업이 지방에 소재하는 산, 강, 들, 바다를 활용해 지방 관광을 활성화하고 지방 인재를 육성하며 지방 경제를 살리는 산업이라는 인식이 필요하다. 당면한 국민 건강 증진에 기여하고 미래의 국가 발전에 큰 역할을 하는 산업이 치유산업이다. 아울러 치유산업은 우리 삶에 새로운 가치를 보여주는 산업이다. 배고픔을 극복하고 먹고사는 문제가 가장 중요했던 시대의 삶의 가치를 넘어 새로운 삶의 가치와 목적을 보여주는 산업이 바로 치유산업이다. 치유산업은 치유음식, 치유농업, 산림치유, 해양치유 등 물리적인 1차 산업의 영역을 넘어 ICT를 융복합한 고부가가치 산업으로 전환되고 있다. 향후 치유산업은 웰니스관광 등 새로운 산업이 주도가 되어 문화, 예술과의 접목을 통한 새로운 산업으로 전환을 전망하기도 한다.

지금까지는 치유산업의 중요성을 인식하고 이를 발전시키기 위해 필요한 공식 또는 비공식 조직이나 단체가 없었다. 다행히 사단법인 스마트치유산업포럼이 2023년 5월 창설돼 치유산업 전반을 다루는 단체로 등장했다. 치유산업에 대한 연구 개발, 토론, 정책 개발 등 다양한 치유 관련 업무를 다루고 있으며 보다 구체적인 구성과 주요 활동은 홈페이지(www.shiforum.kr)에서 확인할 수 있다.

2장

여행에서
힐링을 찾는
치유관광

1 치유관광이란?

최근 국내에서 치유관광이 급격히 늘어나고 국제적으로 웰니스관광이 활발히 추진되고 있다. 신문과 방송, 유튜브 등에서도 치유관광 명승지나 치유음식에 대한 보도가 많다. 치유관광은 경관, 온천, 음식 등 다양한 치유관광 자원을 이용해 건강을 회복하거나 정서적으로 휴식을 취하는 관광 활동이다. 치유관광이 활기를 띠고 국민 관심이 증가하는 것은 시대적 트렌드다. 이에 발맞춰 정부는 치유관광을 국정 과제로 채택해 역점적으로 추진하고 있다. 치유관광산업 육성을 위한 법령을 제정하고 다양한 대책을 추진 중이다. 또한 국토의 3분의 2가 산림인 우리나라에서 산림치유가 활성화되고 있으며 3면이 바다이므로 해양치유도 대두되고 있다. 치유관광은 미래의 새로운 산업으로 자리 잡을 전망이다.

치유관광은 치유와 관광을 통해 육체적, 정신적, 심리적 상황을 개선하는 관광이다. 치유관광은 관광치유, 웰니스관광, 웰빙관광, 힐링관광 등 다양한 이름으로 불리는 새로운 형태의 관광이다. 국제적으로 치유관광은 웰니스투어리즘 Wellness Tourism으로 알려져 있으나 힐링투어리즘 Healing Tourism으로 불리기도 한다. 우리나라에서는 웰니스투어리즘을 '치유관광'으로 번역하지 않고 '웰니스관광' 그대로 사용한다.

'웰니스 Wellness'의 뜻은 다양하다. 사전적 뜻은 세계보건기구 WHO가 국제적으로 제시한 '건강'에 대한 새로운 개념이다. 웰니스의 개념은 미국의 의학자 헐버트 던 Halbert L. Dunn 박사가 1961년 처음으로 제시했다. 그는 웰니스를 처음 제시하면서 "건강이란 단순한 질병이나 불구가 없는 것이 아니라 신체적, 정신적, 사회적으로 완전한 안녕 상태를 말한다"라고 했다. 현재 웰니스는 다양한 개념으로 사용되고 있다. 생활 과학으로서 운동을 일상생활에 적절하게 도입해 건강하게 하루의 삶을 보낸다는 개념으로 많이 사용된다. 또한 웰니스는 초기에는 건강을 강조하는 의미로 출발했으나 최근에는 다양한 의미를 가지게 됐다.

웰니스관광의 형태는 다양하다. 여행을 하면서 건강을 챙기는 모습이 주를 이루지만, 온천 휴식을 하면서 음식을 즐기거나 자연을 만끽하면서 여행을 하는 등 여러 가지 형태로 나타난다. 그러나 힐링과 건강 회복이 웰니스관광의 중요한 내용이다. 웰니스의 3가지 핵심 가치는 웰빙, 행복, 건강이다. 치유관광의 정확한 개념은 웰니스와 다소 차이가 있으나 두 용어의 3가지 핵심 가치는 동일하다. 치유관광은 '웰빙Well-being+행복Happiness+건강Fitness'의 요소가 합쳐진 합성어로 이해해야 한다.

국내에서는 아직 치유관광에 대한 개념이 학문적으로 정리되지 않은 상황이다. 국립국어원에서 '웰니스'는 국어로 순화된 단어를 제시하지 못한 상태지만 '웰니스제품'은 '건강관리제품'으로 순화해 제시하고 있다. 경희대학교 김진옥 외 연구자에 따르면 "치유관광은 치료의 목적이 아닌 여가를 통한 스트레스나 불안 등을 감소시키고 심리적 안정을 통해 건강을 유지시켜 건강한 삶을 살아가기 위한 관광활동이다"라고 한다. 치유관광의 중요성과 발전 가능성을 인식해 제대로 잘 키우자는 주장이 학계에서 많이 제기되고 있다. 치유관광, 치유음식, 치유농업 등 치유산업의 여러 분야에서 깊게 고민해야 할 부분이다.

법령상 규정

문화체육관광부에서 치유관광산업 관련 법령을 추진 중이다. 의원입법 형식으로 추진되는 치유관광 관련법의 명칭은 '치유관광산업 육성에 관한 법률'이다. 이 법의 제2조(정의)에 따르면 "치유관광이란 치유관광자원을 활용하여 건강의 회복과 증진을 추구하는 관광활동"을 말한다고 되어 있다. '치유관광 자원'을 이용해 국민의 건강 회복과 증진을 추구하는 관광 활동으로 표현하고 있으므로 그것이 무엇인가에 대한 궁금증이 많다. 치유관광 자원은 치유를 할 수 있는 다양한 수단, 방법, 형태로 여겨진다.

치유관광 자원의 개념은 법령에서 좀 더 구체적으로 설명하고 있다. "경관, 온천, 음식 등 치유관광에 활용될 수 있는 유형 또는 무형의 자원으로서 대통령령으로 정하는 자원"을 말한다. 구체적인 내용은 하위 법령에 위임할 상황이다. 치유관광 자원은 볼거리, 먹을거리 등 여러 가지가 있다. 다양한 유형 자원도 있고 보이지 않는 무형 자원도 많다. 이러한 자원이 치유관광을 추진하는 핵심 자원이자 구성 요소가 된다.

정책적 함의

치유관광에 대한 정부의 설명은 다양하다. 2012년 지식경제부는 "웰니스는 육체적, 정신적, 감성적, 사회적, 지적 영역에서의 최적 상태를 추구하는 것으로 쾌적하고 안전한 공간과 건강하고 활기찬 활동을 위한 인간의 상태, 행위, 노력을 포괄한다"라고 다소 길게 설명했다. 현재 문화체육관광부 장미란 제2차관은 언론과의 인터뷰에서 "치유관광은 치유관광 자원을 활용해 국민 건강의 회복과 증진을 추구하는 관광 활동이다"라고 설명했다. 법령상의 개념은 국민 건강의 회복과 증진을 강조하며 치유관광이 '관광 활동'이라는 점을 강조한다. 치유라고 되어 있으나 의료 행위가 아니며 관광 활동이라는 것이다. 치유관광 개념을 종합하면 '치유와 건강, 국가 경제 발전 등 다양한 목적으로 육체적, 정신적, 심리적 요소를 다루는 새로운 형태의 관광 활동'이라고 정리할 수 있겠다.

치유관광의 목적은 건강 회복과 증진이 가장 많았으며 유형도 다양하다. 최근에는 치유관광을 통해 관광 활동 증가, 지역 경제 발전 등 다른 목적도 많다. 따라서 치유관광의 목적을 개인의 건강 증진과 국가의 경제 발전을 포함한다고 이해해야 한다. 현재의 치유관광 역할도 중요하고 미래의 고부가가치 산업으로서 국가적으로도 중요하다는 의미다.

문화체육관광부는 치유관광의 중요성을 미래 관광의 새로운 성장 동력, 치유관광을 통한 방한 시장 확대, 고부가가치 시장 기반 조성이라는 3가지 관점을 내세우고 있다. 치유관광을 담당했던 문화체육관광부 이수원 과장은 "치유관광은 한국 관광의 현실을 넘어 미래의 고부가가치 산업이다"라고 강조한다. 지금과 같이 관광 패턴이 변하고 사회 여건이 급변하는 시대에 치유관광은 매우 중요한 산업이다. 치유관광의 중요성을 감안해 그에 대한 연구와 정책 개발이 활발하게 이뤄져야 한다.

2 치유관광의 출현 배경

○
○
○
○

국내 관광 시장 활성화

치유관광이 대두된 배경은 다양하다. 국내에서 치유관광을 역점적으로 추진할 필요성이 제기되고 국제적 트렌드도 치유관광에 모아지고 있다. 세계적 관광 트렌드가 코로나19 이후 건강을 중시하는 치유관광에 모아졌다. 치유관광 시장 역시 매우 크고 성장 가능성이 높다. 〈Global Wellness Institute(2021)〉 자료에 따르면 2020년 웰니스관광의 규모는 4,359억 달러며 2025년까지 20.9% 성장할 전망이다. 또한 전 세계 관광 지출 중 웰니스관광이 차지하는 비중은 2020년의 경우 16.2%를 차지했다. 또한 국제 웰니스 관광객은 일반 국제 관광객에 비해 135%의 높은 지출을 하는 것으로 나타났다.

국내에서 치유관광이 증가한 이유는 여러 가지다. 첫째, 팬데믹 피로를 치유관광으로 해소하자는 것이다. 세계적인 관광 형태가 코로나19 이후 건강 추구형으로 변하고 있는데, 이 추세는 한국도 비슷하다. 최근에는 의료와 건강, 삶의 질을 모두 고려한 치유관광이 활기를 띠고 있다. 건강과 관광을 중시하는 헬스투어리즘Health Tourism이 건강과 관광, 삶의 질을 종합한 웰니스관광으로 확대돼 새로운 관광 형태로 등장하고 있다.

둘째, 사람들의 관광 목적이나 인식이 변하고 있고 치유관광이 최고의 인기 상품으로 등장했기 때문이다. 과거의 관광은 볼거리에 치중했으나 최근에는 몸과 마음의 치유에 몰려든다. 관광 공간이나 장소도 공개적인 곳보다 차단된 곳과 숲길을 찾는 것처럼 쉬거나 명상 공간을 선호하는 사람이 많다. 2000년대 이후 여행의 목적이 휴식이나 재충전, 건강과 삶의 질을 지향하는 것을 쉽게 볼 수 있다. 여행이나 관광을 통해 자신의 새로운 라이프 스타일을 추구하겠다는 것이다. 2021년 한국관광공사의 한국 관광객 데이터 분석 자료에 따르면 최고 인기 여행 테마로 '힐링 여행'을 들고 있다. 또한 웰니스 관광객은 일반 관광객에 비해 해외여행에서 35%, 국내여행에서 177% 더 많이 소비하는 것으로 나타났다.

셋째, 국내 관광산업 육성을 위한 특단의 대책이 필요하기 때문이다. 국내 관광산업은 코로나19 이후 외래 관광객이 급격히 줄어 심각한 피해를 입었다. 코로나19 이전인 2019년에는 약 1,750만 명으로 사상 최고 기록을 보인 외래 관광객은 2020년에는 약 252만 명으로 감소했고 2021년에는 약 96만 7,000명으로 줄어들었다. 외래 관광객의 감소는 관광 종사자와 관광 업체에 심각한 피해를 줬으나 정부 대책은 미흡했다. 최근 외래 관광객이 다소 증가하는 추세를 보이고 있음에 따라 관광객 증가를 위한 특별한 대책이 필요하다. 시대 상황을 고려한 특별한 관광 대책으로 치유관광이 필요한 것이다.

넷째, 치유관광은 한국 관광산업이 가지는 근본적 문제점을 고칠 수 있다. 한국 관광의 근본적이고 구조적인 문제점은 관광 콘텐츠가 부족하다는 점이다. 한국 상품이 국제적으로 인기를 끌고 있으나 많은 변화가 필요하다. K-팝, K-드라마, K-푸드가 높은 인기를 차지하고 있지만 새로운 변화와 도약이 필요하다는 것이다. 많은 전문가가 한국 문화 예술의 세계시장에 대한 변화를 요구하고 마케팅 전략 부족을 지적한다. 청년을 중심으로 한 MZ세대는 전통적인 볼거리 위주 관광보다 몸과 마음을 치유하는 치유관광에 관심이 많다. 또한 관광산업은 외부 충격에 취약하며 한국 관광 정책은 중장기 비전이 안 보인다. 한국 관광은 새로운 콘텐츠 개발, 신상품 발굴, 새로운 마케팅 전략 추진 등 MZ세대에 부응하는 새로운 도약이 필요하다. 치유관광은 이러한 관점에서 유용한 대안이 될 수 있다.

국제 치유관광 시장

국제적으로 치유관광이 크게 대두되고 있다. 치유관광은 세계적으로는 웰니스관광으로 알려져 있다. 웰니스관광이 대두되고 인기를 끄는 이유는 건강을 중시하기 때문이다. 대부분의 국가가 코로나19 감염병 피해를 입었고 피해 회복을 추진하고 있다. 팬데믹 기간 동안 지친 몸과 마음을 회복시키기 위해 건강을 중시하는 새로운 관광 형태로 치유관광을 선택하는 것이다. 최근 치유관광은 건강 회복과 치유 이상의 가치를 지닌다. 치유관광을 통해 새로운 삶의 방식을 추구하는 것이다. 또한 치유관광 시장이 커지고 치유관광 콘텐츠도 다양해지고 있다.

　다음 그림을 보면 세계 웰니스 분야 시장 규모는 2020년 기준 4조 4,000억 달러로, 한화 약 5,900조 원이다. 이는 세계 경제 생산량의 5.1%를 점유한다. 치유관광 시장의 향후 전망도 밝다. 2019년에는 4조 9,000억 달러로 한화 약 6,571조 원 규모였으나 2025년에는 약 7조 달러로 한화 약 9,387조 원으로 증가할 것으로 전망된다. 또한 치유관광 시장의 성장률은 2025년까지 20.9%에 달할 것으로 예측된다. 국가별로

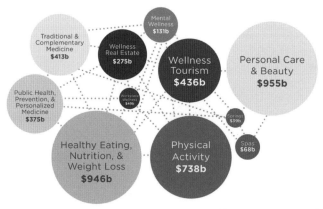

GLOBAL WELLNESS ECONOMY:
$4.4 trillion in 2020

- Mental Wellness $131b
- Traditional & Complementary Medicine $413b
- Wellness Real Estate $275b
- Wellness Tourism $436b
- Personal Care & Beauty $955b
- Public Health, Prevention, & Personalized Medicine $375b
- Workplace Wellness $49b
- Springs $39b
- Healthy Eating, Nutrition, & Weight Loss $946b
- Physical Activity $738b
- Spas $68b

자료: Global Wellness Institute(2021)

웰니스 시장 규모를 보면 1위 미국이 1조 2,157억 달러, 2위 중국이 6,827억 달러, 3위 일본이 3,026억 달러를 차지한다.

웰니스관광은 세계적 트렌드지만 국가별 특성은 모두 다르다. 미국은 광활한 자연을 바탕으로 자연환경을 중시하는 관광자원을 가졌다. 미국의 웰니스관광 시장 규모는 1조 2,000억 달러로, 세계 최고 규모며 1인당 웰니스관광에 지출하는 규모는 3,685달러 수준이다. 미국에서는 코로나19를 겪으면서 심신의 건강 추구와 삶의 질 향상에 중점을 둔 웰니스 프로그램이 다양하게 만들어졌다. 거대한 자연을 바탕으로 한 관광을 기본으로, 최근 웰니스 추세를 반영해 녹지 공간이나 다양한 자연을 힐링의 관점에서 특별히 설계하거나 호텔 객실을 변형하는 등 다양한 웰니스 프로그램을 만들고 있다. "Eat well, Move well, Sleep well, Feel well"의 큰 흐름을 기조로 몸과 마음에 약이 되는 여행, 여행과 건강을 동시에 챙기는 웰니스관광이 확산되고 있다. 관광을 하되 의료적 측면을 중요시하는 의료관광Medical Tourism, 수면과 휴식을 다루는 수면관광Sleep Tourism, 세계 최고의 바이오 기술력을 바탕으로 항노화Antiaging와 관광을 결합한 웰니스 상품 등 관광과 운동을 함께하는 다양한 여행 상품을 공격적으로 내놓고 있다.

일본의 경우 저출산, 고령화 추세는 우리와 비슷하다. 경제, 교육, 문화, 인구가 도쿄에 집중되고 지방은 쇠퇴하고 있다. 일본도 이러한 지방 쇠퇴를 방지하기 위해 지역 단위의 다양한 치유관광 프로그램을 추진하고 있다. 일본의 치유관광은 건강한 환경 조성, 여성 건강 중시, 민간과 기관의 프로그램 협조, 개인 관광 정보의 가시화 등을 주제로 내세운다. '일본 건강 기본 계획'이 강조되면서 도시에 근무하는 여성이 지방의 문화와 역사를 체험하는 관광 웰니스가 눈에 띈다.

싱가포르는 마케팅 부문에서 웰니스의 우수성을 강조하고 있으며 변화된 여행 수요에 부응하고자 대대적인 광고 홍보 확대책을 추진하고 있다. 대만의 경우도 그린푸드, 그린테러피, 그린다이어트의 이름을 내세우며 다양한 치유 정책을 추진하고 있다. 그리스나 터키 등의 관광 국가들도 헬스 투어리즘 슬로건을 내걸고 있다.

3 치유관광의 정책 추진

○
○
○
○

국정 과제로 역점 추진

윤석열 정부는 치유관광을 국정 과제로 내세우고 역점적으로 추진하고 있다. 치유관광 육성을 120대 국정 과제 중 61번째 과제로 채택했다. 치유관광 비전과 전망을 세계적인 트렌드에 맞춰놓고 치유관광 육성 정책을 새로운 전략으로 추진하겠다는 것이다. 국내 관광산업의 여건도 많이 변했다. 국민의 소득 수준이 증가했고 문화 예술이 전방위로 발전해 관광 패턴도 달라졌다. 국내 웰니스관광 시장 규모는 약 72억 달러로 아시아·태평양 지역에서 6위 정도 수준이다. 치유관광 시장 규모도 해마다 증가하고 있다. 이러한 여건을 종합적으로 감안해 치유관광 정책을 역점적으로 추진한다는 것이다.

정부가 추진하는 치유관광 정책은 과거 관광 정책과 많이 다르다. 정책 비전과 방향, 구체적인 전략, 세부 실천 계획도 다르다. 첫째, 치유관광 정책의 장기 비전과 정책 방향을 제대로 세웠다. 치유관광 정책의 장기 비전은 "행복한 국민, 관광으로 발전하는 대한민국"으로 잡고 있다. 치유관광 정책의 지향점을 관광 편의, 지역 관광, 관광산업 혁신에 둔 것이다. 치유관광의 구체적 대책도 관광 시장의 빠른 회복과 재도약, 국민 여행 기회 확대, 지역 경제 활력 제고, 관광산업의 미래 경쟁력 확보로 하여 손에 잡히는 효과를 기대할 수 있다.

둘째, 치유관광산업 육성을 위한 법령을 제정해 치유관광산업을 실질적으로 뒷받침한다. 법령에 기반한 치유관광 정책을 실효성 있게 추진하는 것이다. 2023년 12월 8일 국무총리가 주재한 제8차 국가관광전략회의에서 2024년 외국인 관광객 2,000만 명 유치 및 관광 수입 245억 달러 달성을 목표로 세웠다. 관광객 유치 목표를 확대하고 수익 창출 효과도 높였으며 세부적 대책을 수립한 '대한민국 관광수출 혁신 전략'을 발표했다. 국가관광전략회의는 관광기본법에 따라 국무총리를 의장으로 하여 13개 부처 장관 등이 참여하는 법정부 관광 정책 수립 및 조정 회의체다. 금번 회의에서 발표된 대한민국 관광수출 혁신 전략은 K-컬처 연계 관광 수출 플러스, 로컬 콘텐츠로 지역 관광 플러스, 융합 및 고부가화 산업 혁신 플러스 등이다.

혁신 전략의 구체적인 주요 내용 중 첫째는 시장 회복과 재도약 정책이다. 업계 지원 확대, 관광 시장 조기 정상화, 인바운드 생태계 회복, 한류 활용 해외 마케팅, 동북아 역내 협력 강화, 고부가가치 시장 육성을 포함한다. 둘째는 모두를 위한 여행이다. 이동 취약 계층을 위한 관광 환경 개선과 관광 체험 지원, 국민 여행 비용 지원 확대 추진, 차박과 반려동물 동반 여행 등 새로운 여행 트렌드 등의 신수요 대응이다. 셋째는 지역 특화 관광 개발 정책이다. 권역별 광역 관광 개발, 주민·기업 참여형 관광 개발, 미식관광·야간관광·생활관광·한류 활용 관광 등 지역 관광자원 개발 등이 추진된다. 넷째는 관광산업과 인재 육성이다. 스마트관광 생태계 확산, 미래 융합형 관광 인재 양성, 혁신적 관광 벤처 육성, 디지털 전환 지원 등 산업 경쟁력 강화, 웰니스관광 활성화 등이다.

치유관광 정책은 그간 추진해온 관광 정책의 인식을 바꿀 것이다. 한국의 뷰티 노하우 체험을 실행하고, 아름다운 자연과 하나 되어 몸과 마음을 건강하게 하며, 몸과 마음에 약이 되는 차와 한방 스파 경험, 그리고 일상에서 벗어나 자연과 함께하며 내면의 소리에 귀 기울이는 것 등이다. 아울러 치유관광 정책은 행정적, 재정적 뒷받침을 확실히 하여 가시적 성과가 기대된다.

2024년에 추진되는 치유관광 대책 중 특징적인 것은 연령, 지역, 주제별 맞춤형 마케팅이다. 성숙시장, 성장시장, 신흥시장, 고부가시장으로 지역을 세분화해 마케팅을 펼친다. 먼저 성숙시장인 일본에는 카페, 패션, 미용 등 한국을 소개하는 라이프 스타일 콘텐츠를 온라인으로 홍보한다. 그리고 신흥시장인 미주와 유럽 지역에는 가족 단위 여행객을 대상으로 템플스테이 등을 홍보한다. 고부가시장인 중동의 방한객 유치를 위해서는 호텔, 의료 기관, 요식업 등 고급 관광에 힘을 쓰는 방안이다.

그 외의 치유관광 주요 대책은 다음과 같다. 첫째는 국내 웰니스관광 기반을 조성하는 것이며 여기에는 추천 웰니스 관광지 신규 선정과 재평가, '올해의 웰니스 관광도시' 선정, 기타 관광산업 기반 조성 방안이다. 참고로 한국관광공사가 추천하는 웰니스 관광지는 서울 7곳, 부산 2곳, 대구 1곳, 인천 2곳, 광주 1곳, 울산 1곳, 경기 2곳, 강원 8곳, 충북 3곳, 충남

3곳, 전북 2곳, 전남 5곳, 경북 4곳, 경남 5곳, 제주 4곳으로 총 50곳이다. 둘째는 우수 웰니스관광 자원을 활용하고 홍보를 강화하는 것이며 이를 위해 주요 박람회와 전시회 참가, 국내외 언론인과 여행업자 초청, 추천 웰니스 관광지 홍보 등이 있다. 셋째는 우수 웰니스관광 자원의 해외 홍보를 강화하는 것이다. 추천 웰니스 관광지 선정, 유튜브(Heal We Go Korea) 활용 등이다.

의료관광과 항노화산업 확대

치유관광은 의료관광이 한 단계 도약해 발전된 형태다. 의료관광은 건강 중심의 관광에 중점을 두며 급격히 증가했다. 의료 영역과 콘텐츠가 확충되자 의료관광이 치유관광으로 발전했다. 의료 관광객 수는 2009년 6만 201명에서 2012년 15만 9,464명, 2015년 29만 6,889명, 2018년에는 79만 명 수준으로 증가했다.

의료관광이 빠르게 증가하는 이유는 외국인들이 한방 의학에 관심을 가지기 때문이다. 서양 의학과 달리 체질을 중심으로 독보적으로 추진하는 한방 의학에 외국인들이 큰 관심을 보인다. 또한 국내에서도 치료라는 의학적, 신체적 효과를 넘어 정신적, 정서적 효과도 중시하는 추세가 높아졌다. 질병 자체만 낮게 하는 목적을 넘어 몸과 마음을 동시에 낮게 하는 '치유'라는 분야에 관심이 증가했다. 산림치유에 있어 약을 사용하기보다 숲치유, 물치유, 양생, 명상치유 수요가 증가하는 현실이다.

치유관광은 의료관광을 흡수해 더 발전시켜야 한다. 이제는 관광의 중심을 의료에 두기보다 휴식, 삶, 웰니스 등 더 큰 가치에 둬야 한다. 이를 위한 의료 콘텐츠 확충과 치유관광 영역 확대가 필요하다. 의학적 목적이 강조되는 의료여행 Medical Travel이 의료관광으로 변했다. 의료관광이 차원을 높여 치유관광으로 발전했다. 의료관광의 참여 증대는 웰니스, 의료, 복지 등을 종합하는 새로운 복지 시대의 도래를 의미한다. 치유산업은 복지 시대의 한 영역을 차지하는 중요한 산업이다.

항노화산업의 발전으로 치유관광은 더욱 활성화될 것이다. 국내 항노화산업은 매년 10% 이상 고속 성장하는 바, 2016년 14조 8,220억 원 규모였던 항노화산업은 2017년에는 16조 1,560억 원 규모로 상승했다. 2020년 국내 항노화산업의 시장 규모는 28조 3,000억 원으로 추정된다. 항노화산업의 분야별 구성은 화장품 75%, 의료 18%, 서비스 분야 7% 순으로 시장점유율을 보인다. 선진 강대국들도 항노화산업을 포함한 헬스투어리즘 슬로건을 내걸고 있다.

최근 관광 패턴 변화에 대응

최근 한국의 관광 패턴은 전방위로 변하고 있다. 국내나 해외에서 먹고 마시고 보는 관광 형태나 백화점에서 쇼핑을 하는 관광 형태가 변하고 있다. 새로운 관광 형태와 변화 양상은 다양하다. 한류를 찾는 것이 라이프 스타일이 되고 있으며 한국 이미지 순위도 변하고 있다. 영화나 연극, 동영상, 예술, 음향, K-푸드 등 여러 분야에서 한류는 엔터테인먼트를 넘어 라이프 스타일이 되고 있다. 예측하기 어려운 한류의 변화는 한국 연상 이미지에도 나타난다. 한국국제문화교류진흥원 자료에 따르면 외국인이 한국을 연상하는 이미지 순서로 K-팝(14%)을 가장 먼저 떠올린다고 한다. 그다음이 한식(11.5%), 드라마(7.5%), 한류 스타(7.0%), IT제품 및 브랜드(6.8%) 순으로 나타났다.

관광을 즐기는 장소나 방법도 변하고 있다. 많은 사람이 공개적으로 보고 즐기는 과거의 패턴에서 벗어나 혼자만의 공간이나 명상을 좋아하는 패턴으로 변화 중이다. 또한 외국 풍경보다 고유한 한국적 특성을 좋아한다. MZ세대가 많이 찾고 좋아하는 것은 산과 강과 계곡이다. 자연을 좋아하며 자연을 넘어 심리를 다루는 심리관광이나 치유관광에 관심을 가진다. 한국적 특성도 과거에는 드라마, 영화, 음악 등 K-컬처로 한정됐으나 현재는 글로벌컬처Global Culture에서 많이 나타난다. 스마트관광, 웰니스관광, 치유관광 등 새로운 관광 형태에 관심이 증가하고 있으며 치유관광은 다양한 관광 패턴 변화의 중심에 자리 잡고 있다.

최근 행정안전부가 옥외광고물 자유 구역을 지정해 광고의 모양, 크기, 설치 방법 등의 규제를 완화해 관광 분야에 큰 변화를 추구했다. 광화문, 명동, 해운대를 '광고+관광 명소'로 바꾼다는 것이다. 서울시 종로구 광화문광장과 중구 명동 관광특구, 부산 해운대구 해운대해수욕장 3곳을 옥외광고 형식과 방법을 바꿔 세계적인 명소로 재탄생시키겠다는 것이다. 이러한 대책이 효과를 거두면 미국 뉴욕의 타임스스퀘어처럼 다채로운 광고물이 새로운 관광 명소로 떠오를 것이다.

향후 관광 정책은 새로운 변화가 기대된다. 디지털 기술과 옥외광고를 결합해 새로운 관광 명소를 만들고, 디지털 옥외광고물과 문화유산을 융합하며, 과거·현재·미래가 공존하는 새로운 관광 정책을 추진해야 한다. 치유관광은 이러한 옥외광고물 변화 등 새로운 관광 패턴 변화를 수용해 도약해야 한다.

농촌 치유관광 활성화

치유관광 성과를 높이기 위해서는 농촌 치유관광 사업을 적극 추진해야 한다. 농촌 치유관광은 농업과 농촌 자원을 활용해 스트레스를 해소하고 심신을 회복하며 건강을 증진하는 관광을 말한다. 농촌 치유관광은 농촌이라는 공간적 요소에서 추구하는 관광 활동이라는 점에서 다른 치유관광과 차이가 있다. 그러나 장소와 형태는 다른 치유관광과 차이가 있으나 근본적 목적은 비슷하다. 농촌 치유관광을 영어로 표현하면 'Rural Healing Tourism'이다.

농촌 치유관광이 국민들로부터 선호받는 것은 여러 곳에서 나타나고 있다. 코로나19로 인한 스트레스나 우울, 불안감을 해소하고 지친 심신을 회복하는 데 유익한 힐링 수단이 농촌 치유관광이다. 국민 인식이 농촌 치유관광은 코로나19의 위험에서 안전하다는 것으로 나타났다. 농촌진흥청에서 발표한 '2020 농촌관광 실태조사'에 따르면 코로나19로부터의 농촌관광 안전성에 대해 '부정적(부정+매우 부정)이다'는 13.8%, '보통이다'는 32.9%, '긍정적(긍정+매우 긍정)이다'는 53.3%로 안전하다는 평가가 과반을 차지했다.

농촌을 찾는 관광객 수도 상당하다. 전체 국민의 약 30%에 이른다는 조사 결과도 있고, 국민의 일상 탈출과 휴식 공간으로 가장 높은 비중을 차지하는 것이 농촌이라는 조사 결과도 있다. 구체적으로 농촌관광 동기는 1위가 일상 탈출과 휴식(32.2%), 2위가 즐길거리와 즐거움을 찾는 것(22.7%), 3위가 농촌 자연경관 감상(10.8%), 4위가 지역 농축산물 구입(8.3%), 5위가 새로운 경험(7.5%)으로 나타났다.

통계청이 조사한 2021년 국내 인구 이동량은 약 721만 명으로 전년 대비 52만 명 정도 감소했으나 농촌 관광객은 증가했다. 2021년 귀농 및 귀촌 가구는 37만 7,744가구로 전년 대비 5.6% 증가한 역대 최대 규모였다. 농촌관광이 증가하는 이유는 다양하다. 건강상의 이유도 있고 휴식 공간으로서의 유익함도 있으나 삶의 방식이 변화하는 이유도 있다. 농촌관광이 치유관광의 주요한 분야로 대두된 것은 분명하다.

농촌 치유관광 활성화를 위해 여러 가지 정책을 추진해
야 한다. 농촌 치유관광 정책 추진도 중요하나 치유관광 관
련 여러 부처의 협력과 융복합도 중요하다. 농림축산식품부
의 농촌관광, 해양수산부의 해양치유, 농촌진흥청의 치유농
업, 산림청의 산림치유, 지방자치단체의 다양한 치유산업을
치유관광과 연계해야 한다.

　　농촌 치유관광은 농촌의 치유음식과 밀접한 관계를 가진
다. 농촌관광의 효과로 많은 사람이 음식을 들고 있기 때문
이다. 농촌의 특색을 지닌 다양한 향토 음식, 건강식, 기능식
도 한국의 치유 상품으로 육성해야 한다. 농촌 치유관광이
국가 관광의 중요한 정책으로 대두되므로 적극 발전시켜야
한다.

4 치유관광산업 육성법 제정

치유관광산업을 본격적으로 추진하기 위해서는 치유관광에 대한 법적 뒷받침이 필요하다. 국정 과제로 치유관광산업을 육성하겠다는 윤석열 정부는 관련법 제정을 추진하고 있다. 국회의원 입법(배현진 의원 대표 발의) 형식으로 추진 중인 치유관광산업 육성법은 2023년 3월부터 추진됐으며 5월 'K-웰니스 정책 토론회'가 개최됐고, 9월 국회 문화체육관광위원회에서 관련 공청회를 개최했다. 향후 국회에서 법률 제정 절차에 따라 추진될 예정이다.

'치유관광산업 육성에 관한 법률안'은 총 27개 조문(이 법은 제1장 총칙, 제2장 치유관광산업 육성, 제3장 치유관광산업 육성을 위한 기반 조성 및 지원, 제4장 치유관광산업지구 지정 및 육성, 제

5장 보칙, 제6장 벌칙으로 구성돼 있음)으로 되어 있다. 이 법의 목적은 크게 2가지다. 첫째는 치유관광산업의 고부가가치화를 위한 산업적 기반을 마련하는 것이고, 둘째는 치유관광 서비스 제공을 통한 국민의 신체적·정신적·사회적 건강 회복과 증진을 통한 삶의 질 향상과 국가 경제 발전에 이바지함이다. 이 법의 주요 내용은 치유관광산업 육성, 치유관광 산업 육성을 위한 기반 조성과 지원, 치유관광산업지구 지정과 육성 등이다.

치유관광산업 육성법의 목적은 치유농업 등 타 치유산업 법령의 목적과 비슷하다. 치유관광산업 육성법으로 국민의 건강을 증진하고 국가 경제 발전에 이바지하겠다는 것이다. 다만 목적 자체에는 특별한 문제가 없지만 하위 법령 제정이나 실제 운영에서 타 분야와 중복되거나 차이가 날 경우 발생할 부작용이 우려된다.

치유관광산업 육성법 제정은 시기적으로 적절하고 기대도 크지만 다음 사항을 고려해야 한다. 첫째, 치유관광 자원은 대부분 지방에 소재하고 지방이 경쟁력을 가진다. 지방과 협조 체제를 구축하는 것이 핵심이다. 산, 강, 바다 등 지방에 소재하는 다양한 치유관광 자원을 중앙 단위에서 제대로 지정하고 지방에서는 잘 활용하는 노하우를 찾아야 한다. 또한 지방 거주자의 치유산업에 대한 안목과 인식도 높여야 한다. 전국을 치유관광 무대로 삼고 치유관광 종사자들의 전문성을 높여야 한다.

둘째, 치유관광 자원은 의료, 음식, 농촌, 농업, 교육 등 관광 부처가 아닌 타 부처 소관 사항이 많다. 관광 분야가 아닌 다른 분야와의 협력과 융복합을 강화하고 서로 윈윈하는 방안을 찾아야 한다. 상생을 목적으로 하여 농림축산식품부, 농촌진흥청, 산림청, 해양수산부, 보건복지부, 식약처, 지방자치단체와 실질적 협력 방안을 강구해야 한다.

셋째, 치유관광을 글로벌화해야 한다. 우리 국민의 해외 관광객은 코로나19 이전인 2019년 약 2,870만 명이었으나 코로나19 이후 급감했다. 한국을 방문하는 외국인 관광객은 코로나19 이전인 2019년 1,750만 명 수준이었다. 코로나19로 급격히 줄었다가 2023년 약 1,100만 명으로 2019년 대비 63%의 회복률을 보이고 있다. 한국 관광은 이제 세계인의 눈높이에 맞춰야 한다.

치유관광을 글로벌화함으로써 한류 열풍과 연계하고 MZ세대를 활용해야 한다. 먼저 치유관광 글로벌화 전략의 핵심을 잘 알아야 한다. MZ세대가 주축이 되고 이들이 선호하는 온라인 동영상 서비스(OTT)나 유튜브 등을 적극 활용하는 것이다. 최근 인기를 끄는 틱톡, 쇼츠, 릴스 등 숏폼 콘텐츠의 흐름을 알아야 한다. 글로벌 시장의 숏폼 콘텐츠 활용에 대해 서울과학종합대학원대학교의 김기현 교수는 "신속성과 MZ세대의 선호 등이 장점이지만 숏폼 콘텐츠도 기승전결이 있어야 한다"라고 주장한다. 동국대학교 광고홍보학과 최영균 교수는 "한국의 문화 예술이 K-컬처라는 이름으로 글로벌 시장에서 자리를 공고히 하는 시대다. 이 시기에 한국의 치유관광산업도 K-컬처의 새로운 콘텐츠로서 개발해 잘 발전시키고 홍보해 해외시장을 개척해야 한다"라고 강조한다. K-치유관광 브랜딩을 하고 마케팅을 강화해야 한다는 말이다.

5 치유관광의 앞으로의 과제

　치유관광을 제대로 추진하기 위해서는 많은 과제를 해결해야 한다. 주요한 과제는 다음과 같다. 첫째, 정부가 치유관광의 중요성을 특별히 인식해야 한다. 관광산업의 중요성은 더 강조할 필요가 없다. 부가가치 유발 효과나 취업 유발 효과가 매우 크다. 관광산업의 부가가치 유발 효과는 매출 1원당 0.724(승용차는 0.689)며 취업 유발 효과는 10억 원당 19.3명(승용차는 8.1명)이다. 한국의 관광산업은 그간 정부의 역점적인 관광 정책 추진으로 상당한 발전을 했으며 한국의 관광 경쟁력이 매우 높아졌다. 관광 경쟁력은 2007년 42위에서 2019년 16위로 상승했으며 우리나라를 방문하는 외래 관광객 수도 크게 증가했다.

한국 관광은 2024년을 맞아 새로운 도약이 필요하다. 아울러 치유관광이 새로운 관광산업이라는 점을 인식해야 한다. 문화체육관광부의 이수원 과장은 "치유관광은 한국 미래의 핵심 산업이다. 일상생활에서 건강하게 사는 법에 대한 관심이 증가하고 있다는 점에서 그 중요성이 커지고 있다"라고 주장한다. 치유관광산업이 코로나19라는 위기를 극복함과 동시에 더욱 성장할 수 있도록 전략적으로 지원하겠다는 것이 정부 입장이다. 학계에서도 치유관광을 활성화하기 위한 다양한 방안이 제시되고 있다. 새로운 관광 콘텐츠 개발, 관광 시장 개척, 관광 제품 개발, 관광 판매 활성화 등 다양한 치유관광 정책을 추진해야 한다. 지방을 살리기 위한 치유관광 역할도 중요하다. 김상철 경상북도 문화관광 체육국장은 "지방의 치유관광산업은 최신 관광 트렌드와 부합하고 산과 강과 바다가 있는 경상북도는 치유관광의 최적지다"라고 강조한다.

둘째, 치유관광의 효과를 제고해야 한다. 남녀노소를 불문하고 산림치유 관광을 통해 정신적 휴식과 회복을 가져와야 만족도가 높아진다고 한다. 외국인도 한국의 명상치유나 명상관광을 통해 몸과 마음의 자유를 얻어 편안하다고 한다. 몸과 마음이 편안하기에 숙면을 취하는 효과가 있다. 치유관광 효과는 분야마다 다르고 관광 목적이나 형태에 따라 다를 것이다. 육체적 효과, 정신적 효과, 심리적 효과가 있으며 육체적 효과는 의학적이고 객관적인 검증이 필요하다. 치유관광은 의학적으로 스트레스 저항도와 부교감신경 활동성 등을 향상시킨다고 한다. 정신적 효과나 정서적 효과도 다양하게 나타나 검증이 쉽지 않다. 환경과 심리 차원의 효과도 있다. 최근 자연 치유관광 이후 주관적 행복감이 상승했다는 조사 결과가 치유관광의 효과를 잘 나타낸다. 치유관광을 통해 건강과 영양을 증진하고 심리적으로 안정되는 효과를 증대시켜 외래 관광객을 늘려야 한다.

셋째, 치유관광산업의 법적인 뒷받침을 확고히 해야 한다. 국회에 계류된 치유관광산업 육성법을 조속히 통과시키고 하위 법령을 정비해야 한다. 치유관광은 치유농업과 관련이 깊다. 농촌 치유관광을 치유농업 및 치유관광과 연계하고 발전시켜야 한다. 〈치유농업 연구개발 및 육성에 관한 법률〉을 중심으로 농촌 치유관광을 치유농업과 연계해 잘 발전시켜야 한다. 또한 산림치유, 해양치유 등 치유 관련 업무와 관광 관련 업무를 잘 연계해야 한다. 치유관광은 타 치유산업과 유기적 협력으로 높은 성과를 거둘 수 있다. 문화체육관광부, 산림청, 농촌진흥청, 해양수산부, 보건복지부 등 여러 부처의 치유 분야 통합 조정이 필요하다. 치유산업 전반을 다루는 기본법의 도입도 적극 추진해야 한다.

넷째, 치유관광 콘텐츠를 다양하게 개발해야 한다. 우리나라 관광의 근본적인 문제점은 콘텐츠 부족이다. 보고 먹고 마시거나 도심 백화점 쇼핑 위주의 관광 정책에서 탈피해야 한다. 농어촌 관광도 매력적인 콘텐츠가 별로 없다. 콘텐츠 개발은 치유 분야별로 이뤄져야 하며 심도 있는 연구도 필요하다. 산업계는 치유관광 비즈니스 모델을 구축하고 학계는 선진 관광 교육 모델을 개발해야 한다. 문화체육관광부는 새로운 비즈니스 모델로 발전시키고 농림축산식품부와 농촌진흥청은 농업 관련 연구 개발과 사업화가 필요하다. 치유관광 콘텐츠의 사업화도 뒷받침돼야 한다. 치유관광 업체의 수익 창출을 위한 행정적 지원과 기존 관광 업계와의 융복합 및 네트워킹 강화가 필요하다

다섯째, 치유관광의 글로벌화를 위한 새로운 마케팅 전략을 추진해야 한다. 새로운 한류 관광 콘텐츠가 필요하며 마케팅 전략도 중요하다. 관광의 글로벌 마케팅 전략은 실효성 차원에서 재수립돼야 한다는 주장이 많다. 자율과 창의를 바탕으로 조직 전체가 한마음으로 마케팅 전략을 수립하고 추진하자는 방안이 제시되고 있다. 해외 수십 개 국가에서 특

별한 문화 마케팅 전략을 추진해 많은 성과를 낸 경험이 풍부한 신문범 사장은 제롬 매카시E. Jerome McCarthy가 제시한 4P 믹스 전략을 강력히 추천한다. 4P는 Product(제품), Price(가격), Place(유통), Promotion(홍보)을 나타낸다. 해외 마케팅과 홍보가 성공을 거두려면 치유관광에서 4P 믹스 전략을 추진해야 한다. 치유관광 제품, 가격, 유통, 홍보의 우선순위를 조정하고 균형을 이뤄야 한다. 한국 치유관광의 대외 홍보나 마케팅 촉진에 매우 유용한 전략으로 여겨진다.

치유관광의 여행객 유인과 관련해 매일경제신문사 신익수 여행 전문 기자는 관광에서 눈길을 끄는 핵심은 '키워드와 연결'이라고 강조한다. 2024년 1월 완도에서 개최된 국제 치유산업 세미나에서 완도는 '원더풀Wonderful'이 아닌 '완도풀 Wandoful'이라는 키워드를 냈다. 그는 "이러한 키워드를 치유를 기반으로 한 놀거리, 먹거리, 즐길거리와 잘 연결해낸다면 세계에서 하나뿐인 치유 기반의 관광 섬으로 자리매김할 수 있을 것이다"라고 말했다.

여섯째, 치유관광은 식품 부문을 중시해야 한다. 치유관광의 글로벌화는 식품 부문과 직접적으로 연계된다. 특히 한류 열풍의 높은 열기는 한국 음식에서 기인한다. K-푸드의 성장과 전망을 문화 예술적 차원에서 분석한 보고서가 눈에

띤다. K-푸드의 미래에 대해 미국 하버드 경영대학원이 K-푸드 세계화 성공 과정을 분석하면서 다음과 같이 전망했다. K-푸드 경쟁력의 원천으로 포레스트 라인하르트_{Forest L. Reinhardt} 교수 등은 "한국의 K-컬처는 전 세계 국경을 넘나드는 '문화 현상'이 됐다. K-푸드는 이를 통해 국제적으로 조명받게 됐고 한식 시장의 규모까지 글로벌 수준으로 확장됐다"라고 분석했다. 한국의 대중문화가 먼저 널리 퍼져나간 덕분에 한국의 음식산업까지 확대됐다는 의미다. K-푸드만큼은 문화라는 소프트웨어가 먼저 커진 덕분에 한국 음식 시장의 판로가 열렸고 생산 시설이 확대됐으며 산업 전체의 덩치가 커졌다는 것이다. 다만 K-푸드에 대한 변화가 다양하고 전망도 정확히 예측하기 어렵다. 한경수 경기대학교 관광문화대학장은 "식품 부문의 국내외적 변화는 매우 가변적이다. 푸드테크의 등장, 바이오산업의 대두 등 국제적 여건 변화를 잘 살펴 한국의 치유관광과 연계 발전시켜야 한다"라고 강조한다. 한류의 세계화, K-컬처, MZ세대와 융복합을 강조하는 전문가는 많다. 치유관광산업 발전을 위한 과제는 국내외적으로 너무나 많다.

치유관광을 위해서는 과로나 스트레스로부터 신체적, 건강적 균형 회복을 위한 특별한 치유 프로그램이 필요한 실정이다. 마사지, 경락, 명상, 헬스 케어, 웰빙 푸드, 피트니스 등 보유한 자연환경에 최적화된 고유의 프로그램 개발이 필요하다. 또한 치유 관광객의 특성상 고객이 프로그램을 통해 행복감을 느낄 수 있도록 하는 환대 서비스(hospitality)의 기획도 매우 중요하다고 본다.

이미 민간에서 운영하는 치유관광 시설이 많다. 대표적으로 문화체육관광부와 한국관광공사가 선정하는 추천 웰니스 관광지 시설이 있다. 이들 관광지의 경우 자체 개발 또는 도입한 다양한 치유 프로그램과 치유관광에 최적인 자연환경을 보유한 경우가 많아 벤치마킹할 수 있다.

장미란 | 문화체육관광부 제2차관 |

  본 내용은 2023년 11월 29일 장미란 차관이 〈글로벌경제신문〉과 인터뷰한 내용이다. 치유관광의 이슈와 앞으로의 과제에 대해 장미란 차관은 다음과 같이 제시한다.

Q 치유관광에 대한 국민 관심이 늘어나는 추세다. 치유관광을 하고자 하는 사람도 많다. 치유관광을 하려는 사람들이 준비해야 할 것은 무엇인가?

A 치유관광의 만족도 요인에 가장 큰 영향을 주는 것은 자연환경을 포함한 물리적 시설로 나타나고 있다. 신체적, 정신적 회복을 위해 도시를 벗어난 자연환경의 역할이 중요하고, 내부 시설 역시 5가지 감각(시각, 청각, 촉각, 후각, 미각)을 섬세하게 고려해 최적의 안정감을 느끼도록 설계돼야 하기

때문에 치유 관광지 위치 선정이나 시설 설치를 위한 특별한 준비가 필요하다.

Q **치유관광은 전통적 관광의 범위를 넘어 새로운 신산업으로 발전할 전망이다. 치유관광을 새로운 산업으로 만들어야 한다는 의견이다. 앞으로의 계획은?**

A 지역의 특색 있는 치유관광 콘텐츠를 적극적으로 발굴할 필요가 있다는 생각이다. 문화체육관광부는 치유관광산업을 육성하기 위해 지방자치단체와 함께 '치유·의료 관광 융복합 클러스터', '올해의 치유관광 도시'를 올해 신규로 선정해 지원하고 있다. 의료 목적의 치료(성형, 피부) 후 치유 식단, 스파, 요가 등의 치유관광 프로그램 연계로 고품질의 치유와 의료 관광지 조성을 위해 강원, 경북·대구, 부산, 인천, 전북, 충북을 선정해 운영 중(2023~2025년)이다. 또한 치유 특화 관광 상품 개발, 페스타 운영, 치유관광 체험 지원 등을 통해 관련 산업의 수요를 새롭게 창출할 필요가 있다. 문화체육관광부는 치유관광산업 육성에 관한 법률 제정을 지원하고 관련 산업의 시장 규모를 확대하기 위해 한국만의 특색 있는 치유관광 브랜드를 개발함과 동시에 우수 치유 관광지를 인증하고 지원할 계획이다. 이와 함께 치유관

광 목적의 방한 관광객 대상 방한 행사를 새롭게 추진하고 한국의 우수한 치유관광 자원을 활용한 관광 상품을 개발하고 마케팅하겠다. 이를 통해 K-치유관광산업 육성, 코로나19 이후 부상하고 있는 치유관광 시장을 한국이 선점할 수 있도록 하겠다.

Q 치유관광산업의 향후 전망과 국민들에게 당부할 사항은?

A 글로벌 치유관광산업은 2025년까지 평균 20.9%로 크게 성장할 것으로 전망된다. 우리 정부도 이미 치유(웰니스)관광 활성화를 국정 과제에 포함하고 있다. 문화체육관광부의 치유·의료 관광 융복합 클러스터, 추천 웰니스 관광지 선정 사업 외에도 해양수산부의 해양치유, 농촌진흥청의 치유농업과 산림청의 산림휴양관광 등 치유관광과 연관된 다양한 국가 사업이 전개되고 있다. 이뿐만 아니라 우리 국민의 여가 시간 증가, 개인 건강에 대한 관심도 증대 등으로 국민의 여가 활동 목적이 마음의 안정과 휴식, 스트레스 해소, 건강 회복 등으로 집중되고 있어 이러한 특성을 반영한 치유관광 수요도 점차 증가할 것으로 예상된다. 이러한 이유로 향후 관련 산업의 지속적인 확대와 발전이 전망되는 만큼 치유관광산업에 종사하는 국민은 새로운 사업과 일자리

기회를 얻게 될 것이다. 또한 일반 국민은 치유관광을 통해 일반적 여행 만족감은 물론이고 정신적, 신체적 치유와 행복감을 느낄 수 있을 것이기에 치유관광산업에 대한 관심을 부탁드린다.

3장

음식에서
기쁨을 찾는
치유음식

1 치유음식이란?

·
·
○
·

    최근 치유음식에 대한 국민 관심이 높아지고 있다. 코로나19 등 세계적 감염병 팬데믹으로 건강과 안전에 대한 중요성이 증대됐기 때문이다. 치유음식이 중요하다고 생각하지만 시중에 유통되는 치유음식에 대한 불만도 많고 신뢰도에 의문을 제기하기도 한다. 우리나라에서는 오래전부터 음식의 중요성을 강조했다. 약과 음식은 그 근원이 같다는 약식동원藥食同源이라는 표현이 치유음식의 위상을 잘 나타낸다. 배고픔을 극복하는 자원으로 음식의 중요성이 강조됐으나 음식은 몸과 건강에 중요하다는 점도 강조됐다.

    치유농업, 산림치유 등의 치유산업이 부각되자 음식의 중요성은 더욱 강조되고 있다. 음식을 섭취하는 목적도 변하고 있다. 음식은 육체의 건강을 넘어 인간의 정서에 도움을 주어 몸과 마음이 치유된다는 목적도 추구한다. 최근 치유산업이 부상하면서 치유음식이 큰 자리를 차지하고 있다. 치유효과가 제공되는 음식에 영향을 받으며 치유 프로그램의 효과를 실질적으로 높여주는 것이 음식이라고 하기도 한다.

치유농업에서 음식은 몸과 마음을 치유하는 데 중요한 역할을 한다. 영양가가 풍부하고 신선한 음식은 건강에 좋은 것이 분명하다. 치유농업에서는 농작물 재배 활동을 통해 치유의 힘을 얻을 수 있고 환경과 조화를 이뤄가는 점을 강조한다. 농작물을 재배함으로써 신체 기능을 강화해 병을 예방하는 것이다. 더불어 먹는 기능 외에도 정신적인 치유나 정서적인 안정을 찾을 수 있다. 따라서 일반적인 건강과 영양의 관점에서 다양하고 균형 잡힌 식사를 중요시한다.

그러나 치유음식에 대한 정부 차원의 공식적 관리가 되지 않는 상황이다. 치유음식을 다루는 근거 법령이 없고 치유에 대한 인식은 사람마다 다르다. 치유음식의 개념도 학자에 따라 다르고 치유음식의 기준, 치유음식에 대한 효과도 연구자에 따라 다르다. 치유음식의 뉘앙스가 가져오는 개념 차이도 있어 종합적 검토가 필요하다. 일례로 '치유음식'의 영어 표기는 일반적으로 'Healing Food'로 표현하나 '치유'와 '음식'

의 합성어가 가져오는 뉘앙스 차이도 많다. 1장에서 '치유산
업'의 영어 표기를 'Cheeyou Industry'로 하자고 제의했다. 장
기적으로 '치유음식'의 영어 표기도 'Cheeyou Food'로 하는
방안이 검토돼야 한다.

2 치유음식의 쟁점과 논의 동향

치유음식의 쟁점

치유음식의 쟁점은 여러 가지다. 치유음식의 개념뿐만 아니라 치유음식에 사용하는 농수산물 재료, 치유음식의 제조 방법, 치유음식의 보관이나 유통에 이르기까지 다양하다. 치유음식에 대한 기본적인 법령이 없기에 논쟁이 많아지고 있다. 음식과 식품을 전반적으로 다루는 법령은 〈식품위생법〉, 건강 기능성 관련법 등 개별 법령이 존재한다. 치유음식을 다양한 형태나 방법으로 다루다 보니 치유음식의 종류도 많고 신뢰도 떨어져 불평이 많다. 치유음식이라고 고가로 구입했는데 효과가 없다는 것이다. 개인의 체질이나 건강 상태,

기호가 달라 일반화하기 어려운 현실이다.

치유음식의 개념이나 현실에 대한 논란도 많다. 최근 '슬로푸드가 곧 치유음식'이라는 보도가 나올 정도로 다양하게 논의되는 것이 치유음식이다. 일반적으로 치유음식을 신체나 건강에 좋고 정신과 정서에 도움을 주는 음식이라고 한다. 치유음식은 건강과 영양의 친환경적인 것을 강조한다. 현장에서 오랜 기간 치유음식을 다룬 임갑희 해초록 대표는 "치유음식은 신선한 재료, 최소한의 가공, 적은 지방과 설탕, 높은 영양을 가진 음식이다"라고 설명한다. 임 대표는 무청 시래기 찌개, 석이버섯 두부전, 미나리 감자 초회, 영양부추 겉절이, 버섯 죽순 볶음, 무파래국 등을 추천 한다. 식재료에 못지않게 열을 가하는 방법, 사용 용기 등의 중요성도 강조한다. 플라스틱이나 알루미늄 제품을 치유음식을 다루는 데 사용하면 안 된다고 한다. 치유음식에 대한 고급 호텔 등의 현장 종사자 인식도 비슷하다. 김세한 롯데호텔 셰프는 치유음식은 "자연 친화적 환경 속에서 탄소 배출 최소화 방식으로 생산된 식재료로 영양 성분에 따라 과학적인 조리법으로 만들어야 치유가 되고 건강한 식탁을 만든다"라고 강조한다.

국가 차원에서 공식적으로 치유음식에 대한 조사나 연구 분석을 한 것은 없다. 다만 2020년 코로나19를 겪으면서 건강과 안전한 음식에 대한 수요가 높아지자 산림청 산하의 한국산림복지진흥원에서 치유음식에 대해 연구했다. 한국산림복지진흥원의 산림복지연구개발센터가 산림 치유음식을 연구하면서 치유음식 개념을 다음과 같이 정의했다. 치유음식은 "치유음식지수Healing Food Index가 높은 식재료의 사용과 영양소 파괴가 적은 조리법을 활용해 면역력을 증진시켜주는 건강하고 자연 친화적인 음식"이라고 정의했다. 한국산림복지진흥원에서 산정한 치유음식지수는 항산화 측정을 중시하는 ORAC테스트(Oxygen Radical Absorbance Capacity, 미국 국립노화연구소에서 개발한 항산화 측정 방법), 항산화 물질 중 수용성 성분 체크 중심의 ABTS, 지용성 성분 체크 중심의 DPPH를 종합적으로 고려한 평가 방법이다. 구체적 치유음식지수 산정은 'ORAC Value×가중치 50%+ABTS×가중치 25%+DPPH×가중치 25%=치유음식지수'다. 치유음식지수가 높을수록 치유 효과가 높다. 산림 치유음식의 대표 식단 10종에 대한 치유음식지수와 치유 효능은 다음에 나오는 표와 같다.

치유음식의 핵심 요소, 활용 상황, 관점은 다양하다. 치유음식의 명칭이나 종류, 제시하는 식단 종류도 다양하다. 치유음식의 개념도 영양소, 항산화물, 미네랄 등이 풍부하게 함유된 음식을 치유음식이라고 하기도 하고 육식보다는 채

치유음식지수와 효능

식단명	주재료	건강 기능성 규명 결과	
		치유음식지수	치유 효능
면역 강화 식단	버섯	14,461	면역 증진
혈관 정화 식단	두메부추	7,705	체질 개선
배변 개선 식단	취나물	8,855	체질 개선
항노화 식단	오디	10,435	면역 증진
항염증 식단	대추	8,140	체질 개선
불면증 개선 식단	곤드레나물	18,403	면역 증진
위장 강화 식단	마	25,611	면역 증진
혈액순환 개선 식단	두릅	13,086	면역 증진
체질 개선 식단	당귀	11,172	면역 증진
다이어트 식단	고사리	14,183	면역 증진

자료: 한국산림복지진흥원

소 위주의 음식을 치유음식이라 하기도 한다. 병원에서 지급하는 메디푸드, 사찰 음식, 다양한 선식 등 특별한 음식을 치유음식이라 하기도 한다. 신체에 도움이 되는 음식을 치유음식이라고 할 수 있으나 신체에 도움을 주는 형태, 방식, 사용하는 재료는 다양하다. 자연 음식도 신체에 도움을 주어 치유 효과를 볼 수 있고 독특한 맛, 향기, 색깔도 신체에 치유효과를 줄 수 있다.

치유음식에 관한 학문적 접근과 분석이 중요하다. 과학적이고 객관적인 연구 분석을 하고 나타난 결과에 대해 수긍해야 한다. 이화여자대학교 식품영양학과 조미숙 교수는 "치유음식의 경우 음식을 만드는 과정도 치유 과정에 포함될 수 있다고 생각되며 기능적, 영양적 의미뿐만 아니라 정서적 의미도 포함해야 한다"라고 주장한다. 치유음식은 사용하는 식재료, 제조 과정, 영양 성분, 정서적 효과 등을 종합적으로 고려해야 한다는 의미다. 전주대학교 한식조리학과 정혜정 교수는 음식의 유효 성분과 자정 효과를 강조한다. 사단법인 한국외식산업미래연구원의 진양호 이사장은 "치유음식은 현대인의 육체적 건강, 심리적 건강, 정신적 건강을 함께 치유할 수 있는 음식이다"라고 규정한다. 부천대학교 호텔외식조리학과 이종필 교수는 음식과 치유의 맛을 담은《치유의 맛》이라는 책에서 건강한 음식은 "건강에 좋지 않은 체중 증가나 건강에 해로운 영향을 주지 않으면서 신체의 필수 영양소, 비타민, 미네랄을 제공하는 모든 음식이다"라고 정의한다.

치유음식이라고 하면 한약재나 한방적 특성을 강조하기도 한다. 대구한의대학교 호텔외식조리베이커리학과 황수정 교수는 치유음식의 한방적 효과와 현실적 활용 상황을 강조한다. 유럽 등 외국에서도 한방의 효과가 인정된다고 한다.

치유음식의 건강과 기능적 측면을 넘어 자연과 환경, 인간과 삶에 대한 근본적 가치를 강조하는 접근도 있다. 서울 진관사 회주 계호스님(조계종 사찰 음식 명장 2호)은 "불교의 사찰음식이란 전통적으로 발우공양鉢盂供養이라는 일상 의례의 음식이 기본이 되며 세상의 아픔과 고통을 치유하는 깨달음을 이루기 위해 이 음식을 먹는 것이다. 발우공양은 이미 유네스코와 환경주의자, 비건들에 의해 세계가 주목하는 친환경·평등·효율의 훌륭한 식사법으로 알려져 있다"라고 강조한다.

글로벌 관점과 인식으로 치유음식에 접근하는 사람도 있다. 이화여자대학교 식품영양학과 이종미 명예교수는 치유음식 개념은 "한국적 인식에 지나치게 매몰되기보다는 한국음식의 세계화, 글로벌화 관점을 고려해야 한다"라고 주장한다. 사단법인 대한민국한식포럼 나홍열 사무총장은 한식의 중요성과 몸에 좋다는 건강적 측면을 강조하면서 "글로벌 시대를 맞아 전 세계를 상대로 우리 음식의 우수성을 알리고 외식 사업에서도 성공시키는 개념 정립이 돼야 한다"라고 한다. 김밥으로 세계시장에서 우리 음식의 세계화에 앞장서는 대한민국김밥포럼 김락훈 의장은 치유음식의 개념에 "국제적 마인드와 김밥의 우수성도 강조되는 특징을 넣어야 한다"라고 주장한다. 치유음식도 현장 종사자의 손길이 중요하다는 관점에서 한국조리기능장협회의 차원 이사장은 치유음식은 "조리 분야 전문가인 조리기능장의 관점에서 정의 내려야 한다"라고 한다. 한국외식조리직업전문학교 유애경 이사장은 조리사의 소명은 음식을 통한 위로라면서 치유음식은 "먹는 사람의 신체적 특성과 성격에 따라 효과가 다르게 나타날 것이므로 개인적 특성을 중시해야 한다"라고 주장한다.

최근 치유음식에 관한 토론회에서 신체적 관점과 정신적 관점으로 나눠 접근한 것이 눈에 띈다. 서울대학교 식품영양학과 홍재희 교수는 치유음식 연구 과제를 발표하면서 치유음식을 2가지 분류로 나눴다.

첫째는 신체적 건강과 관련된 것으로 생각하는 사람들의 치유음식이다. 여기서는 기력을 회복하고 기운을 차리게 해주는 음식, 면역력을 향상시키고 아플 때 치료와 회복을 돕는 음식, 영양적으로 훌륭하게 균형 잡힌 음식, 항산화 물질 등 건강 기능성을 포함하는 음식을 치유음식으로 정의한다.

둘째는 마음의 건강과 관련된 것으로 생각하는 사람들의 치유음식이다. 여기서는 지치거나 힘들 때 먹으면서 자신을 휴식하게 하는 음식, 차분함과 편안한 기분을 느끼게 해주는 음식, 보살핌을 받는다는 느낌을 주는 음식, 보상을 주는 느낌의 음식을 치유음식으로 정의한다. 토론회를 주관한 농촌진흥청에서는 치유음식을 "치유농업(또는 치유산업) 현장에서 식품으로 활용(조리, 음식, 식단)할 수 있는 것"이라고 설명했다.

치유음식의 개념, 조리 과정, 사용 자재, 효과 등에 대한 다양한 의견을 고려해볼 때 치유음식 개념을 간단히 정리해서는 안 된다. 식품영양학자 및 연구자와 제조, 유통, 외식, 수출 등 치유음식 관련 종사자들의 다양한 의견을 수렴해야 한다. 또한 치유음식의 현실적 활용 상황도 감안하고 글로벌 식품 시장에 진출하기 위한 한국 음식의 위상도 중요하다. 치유음식의 개념 정립이 핵심 과제가 아니므로 한국 식품산업의 미래를 위한 추가적 접근이 필요하다.

치유음식 토론회

치유음식에 관해 연구자와 현장 관계자가 참여하는 토론회가 개최됐다. 2023년 12월 13일 농촌진흥청과 사단법인 스마트치유산업포럼이 공동으로 서울 양재동 aT(한국농수산식품유통공사)센터 빌딩에서 치유음식에 관한 토론회를 개최했다. 이 토론회는 최근 대두된 치유음식에 대한 관심, 치유농업에서의 치유음식 관리, 시중 유통 현장에서의 치유음식 활용 등에 대응하기 위해 개최됐다. 치유농업은 2021년 3월 〈치유농업 연구개발 및 육성에 관한 법률〉로 시행됐으나 음식 영역에서는 특별한 논의나 진전이 없는 실정이다. 산림치유나 해양치유, 치유농업 등 치유산업 현장과 음식 조리 현장에서 치유음식을 어떻게 다룰 것인가는 중요한 이슈다.

　치유음식 토론회에서 서울대학교 식품영양학과 홍재희 교수가 '치유음식 현장 조사 및 유형 도출'을 과제로 2023년 4월부터 10월까지 연구한 결과를 발표하고 전문가들의 의견을 들었다. '치유음식에 대한 소비자의 인식과 유형 도출'이라는 제목 자체가 많은 사람의 관심을 끌었다. 농촌진흥청의 치유농업 현황과 치유음식 프로그램 현장 적용 사례, 그리고 농업인의 치유음식 현장 활용 사례도 발표됐다. 치유음식 전문가 토론회는 이슈별로 심도 있는 논의가 이뤄졌으며 반응도 매우 뜨거웠다. 정부 차원에서 치유음식에 대한 공식적인 논의의 장을 만들었다는 점, 치유음식에 관한 그간 연구 용역 결과를 다수 전문가에게 검토받은 점, 치유음식 논의와 발전을 더욱 강화해야 한다는 점에서 긍정적 평가를 받았다.

① 치유음식의 필요성 인식

농촌진흥청 식생활영양과 유선미 과장은 치유음식의 대두와 논의 필요성을 다음과 같이 강조한다. 한국은 빠른 경제 성장과 사회의 발달로 국민들의 살림살이는 나아지고 있으나 비만 등 생활 습관 질환, 우울증, 스트레스 등 국민의 신체적, 정신적 건강은 악화되는 상황이다. 최근 산림치유를 필두로 농업이나 해양 분야에서 치유자원을 이용한 치유산업이 확장되는 추세다. 이러한 치유산업에서 소비자의 관심도와 만족도에 영향력이 크고 공통으로 적용될 수 있는 부분이 음식 영역이다. 최근 미국, 유럽 등에서도 음식을 통한 정신적, 신체적 건강 증진을 위한 다양한 시도가 진행되고 있다. 민간 차원에서는 기능성이 있다고 알려진 농수산물을 주재료 및 부재료로 이용해 조리한 향토 음식, 치유농업 프로그램과 연계해 생산된 농산물을 활용해 조리하거나 또는 조리 과정을 체험하는 음식, 그리고 한방 식품, 약선 음식, 메디푸드 등 다양한 형태를 치유음식으로 인식하고 있어 치유음식 영역을 명확하게 하는 것이 시급하다.

② 치유음식의 유형

치유음식의 유형은 간단하지 않다. 소비자도 치유음식의 유형을 여러 가지로 제시할 것이다. 서울대학교 식품영양학과 홍재희 교수는 치유음식 개념을 다루면서 유형을 3가지로 나눴다. 3가지 유형 중 첫째는 신체적 건강 효능, 둘째는 정서적 효능, 셋째는 재료 및 제조 과정이다. 치유음식을 다룸에 있어 건강이나 정서적 효과뿐만 아니라 재료나 제조 과정을 포함해야 한다는 것은 매우 의미가 깊다. 농촌진흥청에서는 신체적 기능 개선이나 건강에 중점을 두는 한방 음식이나 약선 음식도 치유음식의 한 범주로 볼 수 있다고 한다. 우리나라 전통 식생활이 추구하는 약식동원의 개념과도 닿아 있다고 생각한다. 농촌진흥청이 치유음식에 대해 소비자가 요구하는 바를 3가지 유형으로 나누는 것은 현실적으로 중요할 뿐만 아니라 향후에도 중요하다.

3가지 관점에서 치유음식의 기준을 세우는 것은 여러 가지 효과를 가져올 것이다. 신체적 건강 효능, 정서적 건강 효능, 재료 및 제조 과정은 치유음식의 개념 정립에 매우 유용하다. 더불어 치유음식에 대한 영역 설정과 범주화에도 유용하다. 치유음식에 대한 연구는 초기 단계지만 향후 현대 과학의 영역과 접목해 확장시키는 것이 필요하다. 농촌 진흥청은 치유음식의 3가지 유형을 근간으로 유형에 맞는 적용 방법에 대해 세부적으로 연구해 가이드라인을 마련할 예정이다.

정부의 추진 방향

정부 차원에서 치유음식을 비중 있게 다루는 것은 국내적 이유도 있으나 글로벌한 국제시장에서 수출 가능성이 높기 때문이다. 일례로 파키스탄에서는 한국의 '김스낵'을 약국에서 판매한다. 내륙 지방 특성상 요오드 결핍을 보이는 사람이 많아서라고 한다. 한국 식품의 수출이 지속적으로 늘어나 2023년에는 91억 6,000만 달러 규모로 추정된다. 이처럼 농식품 수출은 적극적인 수출 정책으로 상당한 성과를 냈다.

한국 식품 수출이 크게 증대되는 것은 여러 가지 원인에서 기인한다. 농산물과 식재료가 다양하고 조리 솜씨가 뛰어나며 한국 식품이 건강에 좋다는 점도 큰 경쟁력이다. 좁은 국토에서 많은 종류의 음식을 가진 국가는 우리나라가 유일하다. 사계절 변화가 있고 마을마다 특색 있는 음식이 대부분 존재한다. 한국인은 호기심이 많기에 음식 가짓수가 많다

고도 한다.

그렇다면 한국 음식과 식품 수출이 세계시장에서 지속적으로 증가할까? 어려움도 있고 걱정도 여러 가지지만 농식품 전반을 보면 긍정적으로 전망된다. 농림축산식품부 농식품수출진흥과 이용직 과장은 "한류 등을 기반으로 건강하고 고품질인 한국 음식에 대한 관심이 지속적으로 증가하고 있어 향후 수출 전망이 밝다"라고 하면서 앞으로도 "수출 기업과 협력 체계를 강화하고 수출 기반부터 마케팅까지 전방위적 지원을 통해 K-푸드 수출 영토를 적극적으로 확대하겠다"라고 한다.

세계 여러 현장에서 수출을 직접 담당하는 한국농수산식품유통공사 수출전략처 기운도 처장은 "세계 각국의 비관세 장벽이 높아지고 있지만 한국의 브랜드 파워와 한류 열풍으로 K-푸드에 대한 주요 수출 시장 수요가 높아지면서 실적이 증가하고 있다"라면서 적극적인 수출 대책의 필요성을 강조한다.

농촌진흥청에서 세계인을 상대로 한국 농업 기술을 전파하는 수출농업지원과 위태석 과장은 "코로나19 이후 식품의 안전과 인체에 미치는 바이러스 저항성 등에 대한 관심이 특히 높아졌으므로 한국 음식이 건강 기능성 측면에서 효과가 높다는 점을 과학적으로 제시하며 수출 시장에 접근해야 한다"라고 한다. 즉, 건강과 기능성 측면을 강조해야 한다는 견해다. 한국 식품이 단기적인 인기를 넘어 중장기적으로 세계 시장에 자리 잡기 위해 고민해야 할 근본적 과제다. 농촌진흥청 차장을 역임하고 현재는 필리핀에서 우리의 농업 기술을 전파하고 한국 음식을 적극적으로 알리고 있는 이규성 박사도 비슷한 생각이다. 그는 "한국 음식이 건강에 미치는 효과를 적극적으로 홍보해야 하며 치유음식이 미래에 매우 중요하므로 수출을 확대하기 위해서는 국가별 특성에 맞는 현지화 전략을 잘 수립할 필요가 있다"라는 점을 강조한다.

치유음식에 대한 정부의 공식적 대응이 없는 상황에서 농촌진흥청이 치유농업 연구를 하고 전문가 토론을 수반한 공개적인 논의의 장을 마련한 것은 매우 바람직했다. 치유음식 개념이나 분류에 대해 공식적 합의에 이르지는 못했으나 향후 대응 방안을 제시한 것은 매우 유용했다. 토론회를 주도한 농촌진흥청 식생활영양과 유선미 과장은 "치유음식에 대한 논의는 시작 단계이므로 개념과 정의의 사회적 합의와 인식 부족이 큰 걸림돌이다. 2024년에는 치유음식의 개념과 정의에 대해 서울대학교 홍재희 교수와 공동으로 정리한 내용을 학회, 현장 등의 의견을 반영하고 정리해 이를 토대로 치유음식 정책을 발전시켜나갈 예정이다"라고 했다.

치유음식은 농촌 현장에서도 관심이 많다. 농촌 현장에서는 지역의 향토성이 짙은 특산물이 치유음식 소재로 사용되기를 기대한다. 이를 위해 향토 음식이 소비자 눈높이에 맞도록 농촌 진흥 기관과 협력해 성분 분석과 효능에 대한 정보를 수집해 공개하는 것이 필요하다. 또한 이러한 성분 정보를 이용해 균형 있는 식단을 만들고 활용하는 것이 필요하다. 현재 국립농업과학원에서는 건강 식단 작성 프로그램인 '메뉴젠'을 누리집 '농식품올바로(koreanfood.rda.go.kr)'를 통해 서비스하고 있다. 메뉴젠은 농촌진흥청이 공개하고 있는 국가표준성분식품 DB의 식품별 영양 성분 함량 정보를 바탕으로 균형 식단을 작성하게 도와주는 프로그램이다. 이러한 메뉴젠의 음식 추천 및 공유 기능을 강화하고 음식 레시피도 확대해 치유농업 현장에서 쉽게 활용할 수 있도록 개선해나가겠다는 것이다.

치유음식의 연구와 효과는 공식적인 검증이 필요하다. 그동안 원예 치료, 동물 치료, 곤충 치료 등 다양한 분야에서 치유 효과의 검증이 이뤄졌으며 일부 방법론은 치유음식에서도 적용이 가능할 것으로 보인다. 치유음식에 대한 소비자의 인식도 개인적 성향, 연령 등이 달라 객관화하는 데 한계가 있다. 향후 전문가 의견 수렴과 현장 및 소비자의 만족 정도 등을 감안해 대응책을 마련해나가야 한다. 치유음식의 객관적인 연구 분석과 입법화를 토대로 적극적인 대응 방안 수립이 필요하다.

치유음식을 포함한 한국 음식과 식품 전반에 대한 올바른 정책 추진은 중요하다. 농림축산식품부 문지인 과장은 다음과 같이 언급한다. "우리 농식품산업이 그간 엄청나게 발전했다. 우리 음식이 가진 장점을 바탕으로 외식업자가 창의력을 발휘해 세계인의 눈높이에 맞추기도 하고 식품 기업이 적극적으로 기업 활동을 한 결과기도하다. 한국 음식이 글로벌 시장에서 잠시 인기를 끌고 있으나 소비자 인기나 기호는 변할 수 있다. 한국 식품이 세계시장에서 자리 잡기 위해서는 새로운 좋은 대안을 내야 하며 그 방안의 하나로 치유음식도 유용하다"라고 언급한다. 한국 음식과 식품을 보는 눈은 다양하다. 정부는 생산 농업인, 외식 조리업자, 식품 기업인 등 다양한 분야의 의견을 수렴하고 시대 트렌드를 감안한 적극적인 식품 정책을 추진해야 한다.

3 음식과 식품산업에 대한 정책

농림축산식품부와 식품산업

　음식과 식품산업에 대한 정부 인식과 대응은 중요하다. 치유음식을 포함한 한국의 음식과 식품의 주무 부처는 농림축산식품부다. 농림축산식품부에서 음식이나 식품을 언제부터 다뤘고 어떻게 인식하며 주요 정책이 무엇인지 알아야 한다. 식품의 소관을 두고 부처 간 영역 다툼은 오래전부터 있었으며 주로 농림축산식품부와 보건복지부와의 갈등이 많았다. 식품의 소관 부처, 관련 법령, 국제 협상, 소비자 대응 등 많은 분야에서 분쟁이 많았다.

　정부 차원에서 식품의 소관 부처나 영역 담당은 2가지 큰 과제를 중심으로 이뤄진다. 2가지 과제는 '산업 육성'과 '안전 관리'다. 이 2가지 과제를 두고 소관 부처, 근거 법령, 지도와 감독, 지원 등의 관점이 달랐다. 식품 업무의 부처 간 다툼도 '산업 육성에 중점을 둘 것인가' 아니면 '안전 관리에 중점을 둘 것인가'에 달려있다. 산업 육성 측면은 농림축산식품부가 강조했고 안전 관리 측면은 보건복지부(식품의약품안전처) 쪽에서 강조해왔다.

과거 만성적인 농산물 공급 부족과 가격 상승에 대비하기 위해 농산물 생산을 주도하는 농림축산식품부가 식품 정책을 담당했다. 식품 원료가 되는 농산물은 당연히 농림축산식품부가 소관이 됐다. 최근 식품 업무는 농산물 생산뿐만 아니라 가공, 저장, 유통, 안전, 수출, 소비 등으로 영역이 확대됐다. 따라서 식품을 수출산업으로 육성하기 위한 홍보나 마케팅 지원도 중요해졌다. 농림축산식품부와 한국농수산식품유통공사가 농식품 수출을 역점 추진해 많은 성과를 내고 있다.

1990년대 이후 국민 소득과 생활수준이 향상됐고 식품산업도 크게 발전했다. 영양 공급이나 식품 안전 문제를 보는 국민 인식도 달라졌다. 최근 식품산업은 고용과 수출을 촉진하고 성장 동력을 창출하는 신산업으로 인식되고 있다. 식품 품질이나 안전, 위생 관리 업무는 식품 기업이 앞서가는 경우도 많았다. 정부의 역할은 영세한 개별 식품 기업이 하기 어려운 연구 개발이나 식품 인프라 구축, 해외시장 개척 등에 중점을 뒀다.

식품 소관을 두고 부처 간 다툼이나 힘겨루기가 일어나는 것은 바람직하지 못하다. 식품 부서는 식품산업의 발달 정도, 식품 업계의 경쟁력, 국민의 의식 수준, 그리고 시대 흐름을 반영해 소관 부서가 정해지고 관련 정책도 추진돼야 한다. 이명박 정부에 들어서서 '농림수산부'가 부처 명칭에 '식품'을 넣어 '농림수산식품부'로 변경됐다. 식품 기능을 추진하면서 관련 조직과 기능을 확충하고 식품 관련 법령을 제정하는 등 많은 식품 업무를 추진했다. 박근혜 정부에서는 수산 부문을 해양수산부로 이전하고 농축산물 생산과 유통, 가공, 수출 등에 역점을 둔 '농림축산식품부'로 변경됐다.

나는 1980년대부터 유통정책과에서 식품 업무를 담당하며 식품에 관한 정책 개발, 통계자료 수집, 외국 사례 분석, 식품 관련 기관 협조 등 다양한 업무를 시작했다. 한국식품연구원 부지를 확보하기 위해 판교 일대를 돌아다니던 기억이 아련하다. 시장과장, 유통정책과장, 농산물유통국장을 하면서 여러 식품 업무를 추진했다. 주미 대사관 농무관으로 근무하면서 미국의 식품 업무를 자세히 들여다보고 정책이나 제도를 국내에 적용할 수 있는 방안을 연구했다. 워싱턴 소재 프레스센터에서 미국 농무부와 국무부 관계자, 식품 기업 관계자, 식품 담당 전문가와 언론인 등 약 400여 명을 초청해 김치 등 한국 식품을 소개하고 한국 음식 시식 행사를 했다. 미국의 수도에서 처음 행해지는 한국 음식 홍보 행사는 많은 박수를 받았다. 주미 농무관 근무를 마치고 《식품산업의 현재와 미래》라는 책을 저술했다.

농림축산식품부 농산물유통국 유통정책과에서 시작한 식품 업무는 1990년대 이후에는 국 단위 조직과 기능으로 확충됐으며 2000년대에는 실 단위 업무로 발전됐다. 2024년 현재 식품 업무는 농림축산식품부 본부에 식품산업정책관을 비롯해 유통소비정책관, 식량정책관, 축산정책관, 동물복지환경정책관, 방역정책국 등 많은 조직에서 다루고 있다. 농림축산식품부라는 부처의 공식 명칭이 식품을 역점적으로 추진하는 부처임을 잘 나타낸다.

식품산업의 주요 현황

국내 식품산업 현황은 현장의 생산부터 유통, 가공, 보관,

저장, 소비, 수출, 외식 등 다양하다. 다양한 식품 분야 현황을 파악하고 각종 이슈에 대응하며 적극적인 식품 정책을 추진하기에는 많은 어려움이 있다. 식품산업 발전을 위해 그간 정부가 많은 일을 했으며 다양한 성과를 냈다. 최근 식품산업의 발달과 여건 변화로 정부 역할이나 기업 기능, 소비자 대응에 많은 변화가 오고 있다.

전체 식품산업 규모는 다음과 같다. 2021년 기준 식품산업의 총 매출액 규모는 656조 원이며 이는 농림업 생산액 대비 10.7배에 이른다. 또한 656조 원 규모는 2018년 대비 연평균 8% 정도로 성장하는 추세다. 부문별 매출액은 식품 제조 부문이 149조 원, 식품 유통 부문이 356조 원, 외식 부문이 151조 원 수준이다. 한편 세계 식품 제조 시장은 2021년 기준 8조 2,500억 달러로 IT시장(2조 200억 달러)의 약 4배, 자동차 시장(1조 6,100억 달러)의 약 5배 규모에 달한다. 2021년 기준 국내 식품 업체 수는 98만 4,000여 개며 이 중 약 90%가 매출액이 10억 원 이하다. 식품 분야 종사자 수는 267만여 명이다. 타 업체에 비해 상용 근로자 비중이 낮고 임시직이나 일용직 근로자 비중이 높은 구조를 가진다.

우리나라의 식품 정책은 여러 가지다. 생산 정책, 유통 정책, 수출 정책, 소비 정책 등 다양하고 광범위하다. 식품 정책을 중점 과제별로 보면 식품을 미래 성장 산업으로 육성하는 정책, K-푸드의 글로벌 경쟁력을 강화하는 정책, 식품산업과 농업과의 연계를 강화하는 정책, 그리고 식품 기업의 성장 기반을 공고화하는 여러 정책을 들 수 있다.

2022년 농림축산식품부 연차 보고서에서 제시한 식품산업 육성을 위한 주요 정책은 푸드테크산업 육성과 지원, 고부가가치 식품 기술 개발, 농업과 식품산업의 연계 강화, 전통 발효 식품의 활성화, 전통주 등의 체계적 산업 육성, 국가 식품 클러스터 조성, 쌀 가공산업 육성과 쌀 소비 활성화, 농식품 수출 활성화 지원, 외식산업 육성과 한식 세계화 등 다양한 방안이 있다.

정부가 푸드테크 시장을 중점 육성하는 것은 식품 분야에 IT, BT, 로봇 등 첨단 과학기술이 접합되고 신기술이 투입되며 세계 식품 시장도 푸드테크 중심으로 발전되고 있기 때문이다. 세계 푸드테크 시장은 2020년 기준 약 5,542억 달러로 추정된다. 식품 정책은 시대적 상황이나 여건에 따라 다양하게 발전할 것이다.

4 식품 정책의 앞으로의 과제

한국 식품 정책의 향후 과제는 너무나 많고 다양하다. 식품산업이 다루는 범위나 영역도 너무 넓다. 식품의 생산부터 유통, 소비, 수출입, 안전 등 분야별로 직면하는 과제는 복잡하기도 하다. 치유산업과 관련된 식품 분야도 많으며 나날이 변화되고 발전하는 현실이다.

한국 식품산업의 향후 전망은 국내에서보다 국제 현장에서 더욱 객관적으로 볼 수 있다. 농식품의 수출을 포함한 한국 식품의 미래에 대해 국제농업개발기금IFAD에 근무 중인 농림축산식품부 박상호 국장은 다음과 같이 전망한다. "한국 식품 부문은 생산 등 공급 여건이 변했고 소비 등 수요 여건도 달라졌다. 여건 변화를 종합적으로 감안해 식품 대책을 추진해야 한다. 식품 대책도 공무원이나 학자들 주도로 탁상 위에서 수립해서는 안 되며 생산 농업인, 외식업자, 수출업 자, 해외 소비자를 종합적으로 고려한 식품 정책이 추진돼야 한다. 바이오 식품, 푸드테크 등 식품 분야의 기술 변화를 고려해야 하나 몇 가지 식품 정책으로 식품산업 전체가 발전하기는 어렵다는 인식을 가져야 한다"라고 하면서 식품 분야를 입체적으로 보는 안목 기르기를 강조한다.

식품 분야의 미래 예측도 상당히 어렵다. 경희대학교 Hospitality경영학과 이규민 교수는 "식품 분야 전망은 다양하나 정확한 전망은 어렵다. 특히 푸드테크, 바이오, 스마트팜 등 새로운 분야에서 많은 변화가 기대된다. 이러한 분야를 포함한 식품산업 전반을 정확하게 전망하기 위해서는 과학적 분석과 다면적 접근이 필요하다"라고 한다. 치유음식이나 치유 식품은 산림치유, 해양치유 등 치유산업과도 깊은 관련을 가진다. 식품의 수출 증대가 중요한 과제다.

이러한 분석이나 여건을 종합적으로 감안해 한국 식품의 미래를 전망해야 한다. 식품 전반에 걸쳐 정부나 업계, 연구기관, 소비자가 인식해야 할 과제는 다음과 같다.

첫째, 식품 부문에서 미래 유망한 분야가 어떤 것이며 흐름이 어떻게 되는지를 잘 파악해야 한다. 가정 간편식, 고령

친화 식품, 기능성 식품, 바이오 제품, 치유 식품 등을 일반적으로 미래 유망 품목으로 든다. 이러한 품목이 세계적으로 유망한지, 체계적으로 육성할 수 있는지를 잘 예측해야 한다. 4차 산업혁명 시대다. 개인 맞춤형 식품, 대체 육류, 원격 주문, 배달 대행, 스마트키친, 바이오나 푸드테크 산업이 크게 발전할 것이다. 또한 지역 특산물을 활용한 치유 식품, 반가공식품, 식품 기계, 포장산업도 유망할 것이다. 근본적으로 한국이 경쟁력을 가진 분야가 어느 분야며 어떻게 육성할지를 판단해야 한다. 한국이 경쟁력을 가진 분야는 건강, 안전, 기능성, 항바이러스, 항노화 성분을 가진 분야이므로 이러한 특성을 가진 소재를 잘 찾아야 한다.

둘째, 한국의 식품산업은 세계를 무대로 본격적인 수출산업에 뛰어들어야 한다. 식품은 국내 소비에만 중점을 둬서는 안 된다. 이를 위해 식품 시장을 다변화하고 경쟁력 있는 품목을 개발해야 한다. 코로나19 위기 속에서 농식품은 2022년 약 88억 2,000만 달러의 수출 실적을 달성했으며 2023년에는 약 91억 6,000만 달러로 추정된다. 신선식품은 많지 않고 대부분 가공식품이다. 2020년의 경우 농식품 수출액 약 75억 64만 달러 중 81.1%인 약 61억 36만 달러가 가공식품 수출액이었다. 가공식품 수출 인프라를 지속적으로 확충하고 전략적인 지원을 해야 한다. 2024년부터 중단되는 수출 물류비에 대한 대응책과 대안 마련이 필요하다. 수출 품목 선정과 개발은 근본적으로 국제 경쟁력을 가진 분야다.

최근 치유 식품 트렌드를 고려하면 건강과 기능성, 항바이러스, 항노화 특성을 가진 농식품을 수출해야 한다. 수출 증대를 위한 품목별 수출 통합 조직을 만들거나 사업 대상자가 직접 원하는 사업을 선택하는 방안, 외식 프랜차이즈 기업의 해외 진출에 따른 특허나 법적인 애로 사항을 해결해야 한다. 고질적 과제인 업체 간의 과당 경쟁도 방지해야 한다. 또한 식품 수출 기업의 기초 경쟁력을 기르기 위해 기초 자료와 정보, 네트워킹을 체계적으로 갖추는 것이 필요하다. 치유 식품도 브랜드를 만들고 메뉴와 마케팅을 개선해 해외 수출을 촉진해야 한다.

한국 식품은 미국, 중국, 일본 등에 편중된 수출 구조를 바꿔 다변화해야 하며 국가별 맞춤형 상품을 개발해야 한다. 최근 아프리카 대륙과 아시아·태평양 지역이 급격히 대두되고 있다. 한국 식품의 아프리카 진출에 대해 여운기 한·아프리카재단 이사장은 "한국 식품이 아프리카에 진출하기에는 가격 경쟁력이나 구매력 등 몇 가지 한계도 있으나 미래를 내다보면 전망이 높다. 현재도 라면, 김치 등 한국 식품에 대한 인지도와 소비가 점차 늘어나고 있다. 향후 아프리카 주민이 한국 식품에 대한 소비를 늘리도록 생산 기지 확충 등 다양한 방안을 강구해야 한다. 특히 2024년 처음으로 개최되는 한·아프리카 정상회의가 중요한 전환점이 될 수 있다. 윤석열 정부에서 역점적으로 추진 중인 K-라이스벨트 사업과 연계하면서 한국 농산물의 생산, 유통, 소비 등 전방위에 걸친 아프리카 진출 전략이 필요하다"라고 한다.

아시아·태평양의 경우에도 비슷하다. 아시아·태평양 지역의 식품 시장은 나름대로 알려져 있다. 잘 알려져 있지 않은 섬나라 등 소국을 집중 공략해야 한다. 90여 만의 인구를 가진 태평양 섬나라 피지의 경우에도 한국 식품에 대한 수요가 높다. 피지는 작은 국가지만 남태평양 도서국 유통의 중심지다. 피지를 통해 약 40여 개 국가로 물류가 이어지기에 제대로 공략해볼 필요가 있다. 한국 식품은 피지뿐만 아니라 주변 여러 국가에도 시장 개척 가능성이 높다. 김진형 피지 대사는 말한다. "한국 김치가 피지에서 인기가 높으며 특히 김밥은 유명 식품이다. 한국 라면도 인기가 높으며 컵라면은 거의 모든 매장과 편의점에 다 있다. 섬나라 자체가 마땅한 음식이 발달되지 않아 비만은 물론이고 당뇨 등 질병이 많다. 한국 음식이 맛과 건강에 좋다고 알려져 찾는 사람이 많다." 한국 식품도 이러한 작은 국가에도 역점을 두고 적극적인 수출 전략을 추진해야 한다.

셋째, 식품 유통 시장 변화에 대비해야 한다. 식품 부문은 불가피하게 유통 부문과 연계를 해야 하며 유통 부문의 변화를 받아들여야 한다. 식품의 온라인 판매와 비대면 구매가 나날이 늘어나고 있다. 온라인 판매나 유통에 관련한 법적 근거, 사전 준비, 사후 관리 방안을 마련해야 한다. 식품 외식 분야의 온라인 판매나 유통 증가는 불가피하다. 식품의 품질과 안전을 보장하고 식품 사고를 방지하기 위한 〈식품위생법〉 등 관련 법령의 개정이 필요하다. 소비자 보호와 피해 최소화를 기해야 하고 피해 발생 시 책임 소재를 분명히 해야 한다.

오프라인 판매와 식품 제조 중심의 식품 영업에 대한 관리 체계 개편도 검토해야 한다. 온라인 유통과 비대면 서비스 증대에 대비한 〈식품산업진흥법〉 등의 법령 보완도 필요하다. 식품 용기와 포장재의 남용으로 인한 환경 부담도 최소화해야 한다. 식품 분야에 미치는 코로나19 영향은 다양하다. 식품의 생산부터 소비와 유통, 저장, 외식, 수출 등 전후방 연관 산업에 다양한 영향을 주고받는다. 4차 산업혁명 시대며 푸드테크와 바이오 등 새로운 성장 동력 산업으로 식품산업이 대두되고 있다. 한국의 식품산업이 직면한 과제는 너무나 많고 복잡하므로 올바른 판단과 대책을 추진해야 한다.

넷째, 식품 분야 전문가들로 구성된 공식 또는 비공식 싱크탱크나 전문가협의회를 만들어야 한다. 공무원, 교수, 연구자뿐만 아니라 한식포럼, 조리기능장협회 등 식품과 외식 현장 관계자들도 중요하다. 이들이 식품 관련 신기술 동향, 국제적 논의와 대응, 국내 대책 수립 등에 적극 참여하는 구조를 만들어야 한다. 특정 기업 차원의 인적 구성이나 네트워크로는 미흡하다. 미래의 식품 분야 변화, 글로벌 논의 동향, 위험과 불확실성에 대비하기 위해 전문적 인적 기반을 축적해야 한다. 식품 외식의 취업이나 창업을 지원하고 혁신 인력을 양성해 창업 훈련 프로그램도 만들어야 한다.

다섯째, 식품산업에 대한 정부 역할과 기능을 재점검해야 한다. 정부의 민간 식품 부문에 대한 개입 정도와 범위는 어떤지, 불필요한 분야에 정부가 관여하지는 않는지 등 식품 부문 전반에 걸쳐 정부의 지원, 규제, 연구, 대응 등에 대한 재검토를 해야 한다. 농림축산식품부의 식품 관련 예산이 충분한지, 실질적인 성과는 있는지 살펴보자. 식품 관련 예산과 조직, 인력 확충이 필요하며 조직과 기능을 재점검해야 한다. 정책 부서가 연구에 치중하는지, 연구 부서가 사업을 하는지 살펴보자. 한국식품연구원 등 식품 연구 기관과 농촌진흥청 연구기능과의 업무 조정도 필요하다. 또한 민간과 정부의 기능 중복이나 일선 지방 조직과 중앙정부의 식품 업무 연계는 어떤지, 식품 업무의 중복과 혼선이 없는지를 살펴야 한다. 국가 식품 클러스터를 활성화하는 방안도 심도 있게 검토해야 한다.

식품 분야는 국민의 생명 및 안전과 관계돼 각종 규제가 많다. 식품산업 발전을 위한 각종 규제는 당연히 개선해야 한다. 시대 상황에 맞지 않은 불필요한 규제나 선례 답습형 규제는 철폐해야 한다. 식품의 다양성, 소비자 인식 정도, 산업의 역할 정도를 고려해 규제 혁신은 불가피하다. 건강기능식품, 전통주 등의 관련 규제를 상당 수준 개선했으나 아직도 미흡하다. 규제 철폐라고 할 수 있을 정도의 과감한 규제 개혁이 필요하다. 식품 부문은 이러한 상황과 여건을 고려해 국가 차원의 통합적 대응을 해야 한다.

4장

자연에서
건강을 찾는
치유농업

1 치유농업의 발전

최근 치유농업이 크게 대두되고 있다. 초기 치유농업은 농업 활동을 통한 육체적, 정신적, 정서적 치유를 목적으로 출발했으나 최근에는 목적이나 영역이 크게 확대됐다. 어린이와 청소년의 정서 함양과 올바른 인성 교육을 위한 교육 농장이나 체험 농장도 활기를 띠고 있다. 더불어 치유농업 교육을 받고자 하는 희망자도 많고 치유농업 제품을 판매하고자 하는 이해관계자도 많아지는 추세다.

인구의 고령화와 평균수명 연장, 귀농과 귀촌 인구의 증가로 치유농업에 대한 국민적 관심이 높다. 치유농업은 농업 부문을 넘어 치유음식, 산림치유, 해양치유 등과 연계하면서 국가의 중요한 산업으로 대두되는 현실이다. 국내 치유농업은 농촌진흥청이 주도적으로 추진하고 있다. 치유농업 분야는 식물이나 꽃을 재배하거나 동물 사육을 주로 다루고 치유농업 행정도 법령 정비, 교육, 연구 개발, 현장 지도 등 다양하게 추진되고 있다.

출발과 인식

치유농업의 출발은 농업과 자연을 통한 건강 회복이라는 인식에서 출발했다. 치유농업은 유럽에서 시작됐으나 농업 활동을 통해 건강을 회복해온 역사는 오래됐다. 대구가톨릭대학교 원예식품학과 윤숙영 교수는 "인류는 먹을거리 해결을 위해 무언가를 길러야 했고, 그 수단으로 식물과 과실수를 심었고 관상을 위한 나무도 심었다. 식물을 기르기 위해 물이 필요해 연못과 물길을 만들었고 식물을 심는 공간과 사람이 다니는 공간을 구별하면서 치유농업이 시작됐다"라고 설명한다. 치유농업의 개념을 간단히 요약하면 '다양한 농업과 농촌 자원을 활용해 국민의 건강을 증진하는 산업'이다. 치유농업을 제대로 설명하기는 쉽지 않다. '치유'가 가지는 의미와 '농업'이 가지는 의미가 다양하고 두 단어가 합쳐진 '치유농업'이 가지는 의미가 복합적이기 때문이다. 또한 국가마다 치유농업 상황이 다양하다. 치유농업의 개념, 종사자, 주요 내용 등을 일반화하기에는 어려움이 많다. 치유농업의 목적도 여러 가지로 확대된다. 농업 활동을 통한 개인의 건강 증진이라는 목적을 넘어 사회적 약자 배려, 국가 경제 발전에 이바지하는 산업으로 인식된다.

전 세계적으로 치유농업이 가장 활발하고 잘 발전된 지역은 유럽이다. 유럽에서 치유농업은 수백 년 전으로 거슬러 올라가며 운영 형태는 국가마다 다양하다. 치유농업이 지향하는 방향도 국가마다 다양하다. 바흐닝언케어팜연구소 조예원 대표는 유럽의 치유농업을 다원적 농업Multifunctional Agriculture, 사회통합Social Inclusion, 공공보건Public Health 추구라는 3가지 유형으로 구분한다. 지향점이 다르므로 치유농업을 칭하는 용어가 다양하다. 치유농업은 기본적으로 농업 활동을 중심으로 한다는 점에서 녹색치유Green Care의 범주에 포함된다. 녹색치유는 녹색치유우산Green Care Umbrella과 관련된 개념이다. 사회적, 교육적, 심리적, 신체적 적응력을 기르고 이를 바탕으로 육체적 재활과 정신적 회복을 추구하기 위해 농업 및 농촌의 다양한 자원을 활용해 제공하는 활동으로 정리할 수 있다. 자연과 관련된 활동을 통해 건강이나 치유를 제공하는 포괄적 활동을 의미한다.

녹색치유를 가장 상위개념에 놓고 캐어파밍Care Farming, 아그로힐링Agro-healing, 사회적 농업Social Farming, 건강농업Farming for Health 등 다양하게 표현한다. 또한 치유농업을 녹색치유의 하위개념으로 인식하면서 가장 상위개념으로 녹색치유를 두고 다양한 사회적 돌봄, 돌봄농업, 녹색돌봄 등을 하위개념에 포함한다. 녹색치유에서 치유농업의 범위는 자연환경적 경

녹색치유의 하위개념

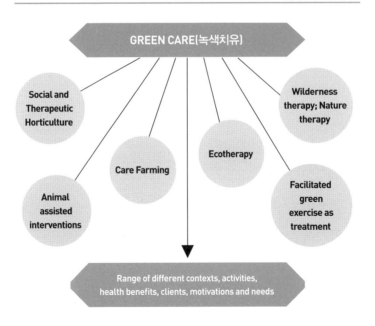

험과의 상호작용을 통해 건강 증진, 치료, 사회적 복귀까지 다룬다. 종합하면 치유농업은 치유를 제공하기 위한 농업의 활용이며 관련 영역은 상위의 녹색치유를 중심으로 각종 농업 생산, 치유, 관광, 생태 활동을 포함한다고 할 수 있다.

치유농업의 용어가 다양하게 사용되나 본질적으로 '치유를 제공하기 위한 농업 활동'이라는 의미를 가진다. 즉, '치유를 제공'한다는 의미와 '농업의 활용'이라는 2가지 요소가 핵심이다. 간단하게 '치유'와 '농업'의 의미를 가지고 치유를 하기 위한 농업이라고 이해하면 된다. 치유농업의 출발이 유럽이므로 유럽의 다양한 치유농업을 요약하면 다음과 같다.

유럽의 치유농업

① 네덜란드의 치유농업

치유농업 선진국인 네덜란드는 치유농업과 관련된 강력한 국가적, 지역적 네트워크가 있다. 관련 부처로는 건강복지운동부Ministry of Health, Welfare and Sports, 농림자원식품부Ministry of Agriculture, Nature and Food Quality의 정부 기관, 국가지원센터National

Support Center, 지역 조직, 치유 기관 조합 등에서 치유농업 관련 정책을 추진한다. 주요 부처별 추진 상황은 건강복지운동부에서 치유농업에 대한 행정적, 재정적 지원을 하고 있다. 농림자원식품부는 치유농업 관련 정책을 개발한다. 그리고 치유농업 진흥을 목적으로 비영리 기관인 국가지원센터를 설립해 운영하고 있다. 또한 치유 농장주의 권익 보호를 위해 치유농장주협회Association of Green Care Farmers와 지역집단Regional Groups 을 운영하고 있다.

네덜란드는 국가지원센터 주도로 품질관리체계Qualtiy System 를 개발해 치유 농장주, 치유 농장 협회, 정부 부처를 포함한 품질관리를 실시하고 있으며 질적 기준을 충족한 치유 농장을 대상으로 품질보증마크Hallmark를 부여하고 있다. 또한 네덜란드 국민건강보험AWBZ과 연계해 승인을 받은 치유 농장에 대해 공식적인 건강 기관으로 인정하고 있으며 장기적으로 건강보험과 연계를 추진하고 있다.

② 벨기에의 치유농업

벨기에는 농림수산식품부Department of Agriculture and Fisheries를 중

심으로 2000년도부터 치유농업을 활성화하기 위한 다양한
정책적 지원을 하고 있다. 2005년부터 재정적인 지원과 함
께 치유농업지원센터The Flemish Support Centre for Green Care, 지역 수준
지원 기관 등에서 치유농업 관련 정책을 수립해 추진하고 있
다. 치유농업에 대한 행정적, 재정적 지원은 농림수산식품부
에서 담당하고 있으며 치유농업 촉진을 목표로 민간 기관 형
태의 치유농업지원센터를 운영하고 있다. 센터에서는 치유
농업 정보 제공, 컨설팅 서비스 제공, 강의, 워크숍, 연구회,
연구 활동 등을 수행한다. 농업인교육훈련센터Farmer's Training
Centre를 통해 치유농업의 현황 및 특성 분석 도입과 운영에
대한 교육 과정을 수립하고 운영하고 있으며 농업과 사회적
치유에 대한 교육 프로그램, 말치유 교육 프로그램, 동물 치
료 교육 프로그램 등을 개발 및 운영하고 있다.

③ 영국의 치유농업

영국은 국가치유농업계획National Care Farming Initiative과 지역개
발프로그램Rural Development Programme for England을 통해 치유농업에
대한 정책적, 재정적 지원을 하고 치유농업 계획 수립과 지

역 연계 체제 구축, 관련된 정책과 전략을 추진하고 있다. 치유농업 활성화를 위한 국가치유농업계획을 수립해 치유농업 개념 정립, 서비스 대상 설정, 홍보 및 지원 방안을 도출한다. 지역 연계 체제 구축과 관련해 지역적으로 치유 농장 그룹을 형성하도록 협력 체계를 구축하고 있으며 치유 농장을 성공적으로 운영하고 있는 우수 사례를 공유한다.

④ 프랑스의 치유농업

프랑스에서는 치유농업을 농업의 사회적 기능의 일부로 인식한다. 정부 차원의 지원은 주로 지방자치단체에 의존하고 있다. 프랑스는 치유농업의 교육적 기능, 치료적 기능, 사회 통합 기능에 대한 역할 수행을 통해 치유농업에 대한 인식 개선, 역할과 효과 홍보를 통해 치유 농장 확대를 꾀하고 있다.

프랑스는 농장주, 농장 직원, 지원 기관, 전문 인력 대상 치유농업 네트워크를 구축하고 치유농업 확대와 치유 농장 운영 활성화를 위한 방안을 수립하며 지역 전문가들과 협력 체계를 구축하고 있다. 교육 영역 정책으로는 치유농업 제공

자 대상 교육 훈련과 관련된 정책 및 전략을 제안한다. 치유
농업 제공자의 전문적인 기술 향상을 위한 교육 훈련은 물론
이고 치유농업을 전문적인 영역으로 설정해 다양한 교육 훈
련을 제공하고 있다.

⑤ 노르웨이의 치유농업

노르웨이는 농림부Ministry of Agriculture를 비롯한 정부 부처, 치
유농업을 위한 특별 위원회인 치유농업협의회Green Care Council,
그리고 지방자치단체Municipality가 중심이 되어 치유 농장을 활
성화시키기 위한 다양한 지원과 프로젝트 수행 및 연구를 지
원하고 있다. 치유농업과 치유 농장 활성화를 위해 농림부,
교육연구부Education and Research, 사회부Social Affairs, 보건아동가족부
Health, Children and Family, 지역개발부Local Goverment and Regional Development
가 참여하는 위원회를 구성해 운영하고 있다. 농림부에서
는 녹색치유 서비스에 대한 컨설팅 제공, 치유 농장 품질보
증Quality-assurance 도구 제공 등을 통해 치유 농장 활성화 정책을
수립해 추진하고 있다.

또한 치유농업 자문제도 운영, 품질관리 및 보증제도 운

영, 치유 농장 협약제도 운영과 관련된 정책 및 전략을 추진하고 있다. 농림부 산하에 치유농업을 위한 특별 위원회인 치유농업협의회를 통해 치유농업에 대한 자문, 예산 및 정책을 제안하고 있다. 그리고 지방자치단체에서 치유 농장의 서비스와 전문성에 대한 품질관리 책임을 맡고 있다. 치유 농장 협약제도와 관련해 치유 농장이 정부 기관 및 지방자치단체와 협약서를 작성하도록 유도하고 있다.

치유농업의 발전 과정

치유농업의 발전 과정이나 역사는 국가에 따라 다르다. 치유농업의 역사나 발전을 농업적 관점에서 설명하거나 치유적 관점에서 설명할 수 있다. 농업적 관점에서 치유농업 연혁을 설명하면 인류의 농업 활동을 통한 먹거리 확보와 그 과정에서 건강 회복과 치유에 관련된 각종 활동으로 이해한다. 치유농업의 발전 과정에 대해 대구가톨릭대학교 원예식품학과 윤숙영 교수는 초창기, 변혁기, 성장기로 구분한다.

초창기는 인간에 의한 식물의 재배와 함께 시작했다. 고대 이집트에서는 의사가 환자(정신장애)에게 정원 산책을 권장했으며 중세(유럽)에는 병원에 정원을 가꾸거나 소규모의 텃밭을 조성해 환자들의 재활에 활용했다. 1798년 미국 벤저민 러시Benjamin Rush 박사는 정원 활동이 정신장애인에게 효과가 있다고 과학적으로 증명했으며, 1878년 미시건주 폰티악Pontiac 주립병원에서 농작업이 치료 프로그램에 도입됐고, 1879년 필라델피아 프랜즈병원Friends Hospital에서 정신장애인을 위한 온실재배를 했다. 그리고 1809년 스페인의 병원에서 정신장애인에 대한 원예 활동의 효과를 인정했으며 1867년 독일에서는 나병 환자, 빈민자 등을 수용하는 시설에서 원예작업을 했다.

변혁기는 치유농업이 본격적으로 시작된 시기로, 제2차 세계대전 후 미국에서다. 캘리포니아주 롱비치보훈병원Long Beach Veterans Administration Hospital에서 각각의 장애에 대해 개량된 농기구를 사용해 상이군인을 치료했으며 예전에 농업에 종사했던 사람을 다시 복귀시킬 목적으로 시작했다. 그 후 화훼류, 채소류와 정원에 관련된 여러 가지 프로젝트에 상이군인을 참가시키면서 치유농업의 이용이 급속하게 확산됐다. 1955년 미시건주립대학이 이 분야에서는 처음으로 학사 학위를 수여했으며 4년 후 뉴욕대학 메디컬센터 재활의학연구소Institute for Rehabilitative Medicine에서 뇌혈관장애, 노동장애, 척추

손상 후유증 환자의 치료 시설로서 치유농업용 온실을 설치해 신체장애인을 위한 치유농업 이용이 활성화됐다.

성장기는 1960년대 이후부터 오늘날까지다. 치유농업을 통한 장애인의 사회 복귀 및 작업 요법 활용 등으로 전문화됐으며 자연을 중요한 치료 수단으로 간주하는 생활 및 근로 공동체가 증가했다. 아일랜드와 영국에서 캠프힐운동Camphill Movement을 통해 치유 목적의 공동체가 많은 인기를 누렸으며 장애인을 위한 원예 치료 프로젝트를 여러 개 만들어 멘토와 전문 치료사가 주간에 지도하는 형태로 운영됐다. 1960년대부터 미국의 많은 대학에서 원예 치료에 대한 강의가 시작됐으며 1971년 캔자스주립대학 대학원 과정(National Council for Therapy and Rehabilitation through Horticulture)이 개설됐다.

치유농업이 가장 활발하고 잘 발전된 지역은 유럽이다. 영국에서는 자연을 중요한 치료 수단으로 이용했으며 병원에서 환자들의 재활에 활용됐다. 네덜란드, 독일, 프랑스, 이탈리아 등에서 다양한 형태로 치유농업이 발전했다. 유럽의 치유농업은 농업과 보건의 결합, 취약 계층의 돌봄, 교육, 재활, 통합 등의 목적으로 농업자원을 활용하는 것에 중점을 뒀다.

현대적 의미의 치유농업은 1960년대 이후 본격적으로 대두됐다. 제2차 세계대전 이후 전쟁 피해자에 대한 육체적, 정신적 회복을 위한 치유농업이 본격적으로 실시됐다. 또한 장애인의 사회 복귀 및 작업 요법 활용 등에 치유농업이 이용됐으며 다양화되고 전문화됐다. 치유농업에 대한 본격적인 연구는 1990년대 후반부터 시작됐다. 동양에서도 오래전부터 꽃과 나무, 채소를 가꾸거나 정원을 관리하면서 심신의 건강과 학문에 전념한 사례들이 많다.

한국의 치유농업과 영역 확대

① 개념과 출발

우리나라 농촌진흥청에서는 약칭 '치유농업법'으로 불리는 〈치유농업 연구개발 및 육성에 관한 법률〉 규정으로 설명한다. 같은 법 제2조에서 치유농업은 "국민의 건강 회복 및 유지·증진을 도모하기 위하여 이용되는 다양한 농업·농촌자원의 활용과 이와 관련한 활동을 통해 사회적 또는 경제적 부가가치를 창출하는 산업"을 의미한다고 한다. 치유농업법상 개념은 크게 3가지로 살펴보자.

첫째, 치유농업의 목적은 궁극적으로 "국민의 건강 회복 및 유지·증진"이다. 치유농업의 목적이 농가 소득 증대나 농촌 경제 활력화 등 농업과 농촌에 한정된 개념이 아니다. 국민의 건강 회복과 유지 및 증진이라는 공익적이고 거시적인 목적을 강조한다. 따라서 치유농업의 대상은 전 국민이다. 취약 계층이나 특정한 산업만을 위하는 것이 아니라는 점을 분명히 규정하고 있다.

둘째, 치유농업의 활용 수단 내지 방법으로 "다양한 농업·농촌자원의 활용과 이와 관련된 활동"을 들고 있다. 다양한 농업 및 농촌 자원은 식물자원, 동물자원, 곤충자원, 음식자원, 문화·관광 자원 등 여러 가지가 있다. 치유농업의 활용 자원은 농업 및 농촌, 식물, 동물 자원이 모두 대상이지만 식물, 농작업장, 농촌 환경 및 경관이 가장 활발하게 사용된다. 농업자원의 활용과 이와 관련된 활동은 각종 치유 프로그램 운영이나 서비스 활동을 의미한다. 치유농업의 유형도 다양하며 치유 목적에 따라 치유중심형, 고용중심형, 교육중심형 3가지가 있다.

셋째, 치유농업은 최종적으로 "사회적 또는 경제적 부가가치를 창출하는 산업"이다. 치유농업은 사회 봉사 활동이나 자선사업을 하는 것이 아니다. 사회적 또는 경제적 부가가치를 창출하는 산업이라는 점에서 사회적 농업이나 약자들을 위한 복지형 서비스와 지향점도 다르다. 치유농업을 통해 일자리를 창출하고 지역 경제에 활력을 주며 국가 경제 발전에 큰 역할을 하는 산업이 치유농업이다.

치유농업의 개념 정립과 연구 등 초기에 치유농업 업무를 추진한 정부 관계자로, 농림축산검역본부 김경미 식물검역부장을 든다. 김경미 외 연구자들의 연구 결과에 따르면 치유농업은 "농업·농촌 자원 또는 이와 관련된 활동 및 산출물을 활용한 치유 서비스를 통해 국민의 심리적, 사회적, 인지적, 신체적 건강을 도모하는 산업 및 활동이다"라고 정리한다.

학계의 치유농업 개념도 비슷하다. 대구가톨릭대학교 원예식품학과 윤숙영 교수는 치유농업은 "농업 및 농촌의 다원적 기능을 바탕으로 다양한 농업 활동을 통해 건강의 유지, 회복, 증진을 목적으로 이용하는 일련의 과정으로 대상자의 신체, 인지, 심리, 사회적 건강을 회복하고 증진하기 위해 치유농업 자원, 치유농업 시설 등을 이용해 교육하거나 설계한 프로그램을 체계적으로 수행하는 것을 의미한다"라고 한다. 치유농업이 발달한 네덜란드의 사례를 중심으로 연구한 이윤정은 "치유농업이란 농장 및 농촌 경관을 활용해 정신적, 육체적 건강 회복을 목적으로 제공되는 모든 농업 활동을 의미한다"라고 한다. 정리하면 치유농업은 본질적으로 '농업' 의 한 분야며 다양한 농업 활동을 통해 건강의 유지, 회복, 증진을 목적으로 이용하는 일련의 과정이다. 최근 치유농업 의 목적은 농업 활동을 통한 개인의 건강 회복, 유지, 증진을 넘어선다. 치유농업은 사회적 배려와 국가 발전에 기여하는 산업으로 변모하는 현실이다.

② 치유농업의 영역 확대

치유농업의 범위와 영역은 매우 중요한데, 치유농업의 중 점이나 지향점을 어디에 둘 것인가에 달려있다. 치유농업의 중점을 '농업 활동'에 둘 것인가, 아니면 '치유 활동'으로 볼 것인가에 따라 범위가 달라진다. 치유농업의 범위나 영역을 한정적으로 잡을 것인가, 아니면 확대할 것인가도 매우 어려 운 과제다. 치유농업 추진 이념과 철학, 배경, 추진 기관, 실 효성, 재원 부담 등이 종합적으로 관련되기 때문이다. 유럽 의 치유농업은 크게 다원적 농업, 사회통합, 공공보건 추구 라는 3가지 지향점을 포함한다고 했다. 따라서 국내 치유농 업 범위와 영역과는 상당한 괴리가 있다.

최근 치유농업의 범위와 영역이 확대되는 추세다. 그러나 확대되는 범위는 치유농업의 개념을 어떻게 정하느냐에 따라 달라지며 한국 특성에 알맞은 치유농업 정책을 추진해야 한다. 치유농업 추진 부처는 농촌진흥청이 주무 부처지만 치유농업의 업무 내용, 책임 소재, 협조 내용, 재원 조달 등에서 타 부서와 관련이 많다. 향후 치유농업의 공론화를 통해 영역에 대한 콘센서스를 만들어가는 것이 필요하다.

③ 사회적 농업 및 도시농업과의 관계

치유농업은 사회적 농업 및 도시농업과 연관성이 많다. 치유농업과 사회적 농업 모두 활동 측면에서 농업과 농촌 자원을 활용한다는 점이 유사하다. 그러나 사회적 농업과 도시농업은 치유농업과 추구하는 근본 목적이 다르다. 사회적 농업은 '개인의 필요성과 공공 지출 감소의 관점에서 사회 보건 서비스를 강화하기 위해 농업(식물과 동물)과 농장의 자원을 사용하는 것'이다. 사회적 농업은 농업의 사회복지적 측면을 강조하며 사회적 약자와 복지 혜택을 중점 추진한다. 치유농업은 이러한 것을 포함한 건강 회복이라는 치유적 측면이 강조된다. 이 경우 체험 기반의 농장 활동과 도시농업 기반의 활동 연계를 포함한 폭넓은 치유 형태를 수렴하게 된다.

도시농업은 도시민의 다양한 농업 활동을 지원하는 것이다. 〈도시농업의 육성 및 지원에 관한 법률〉에 따르면 "도시 지역에 있는 토지, 건축물 또는 다양한 생활공간을 활용한 농작물을 경작 또는 재배하는 행위로서 대통령령으로 정하는 행위"를 말한다. 도시농업은 도시민에게 "농작물을 경작 또는 재배하는 행위"로 한정한다. 동물 사육은 포함되지 않았으나 반려동물의 사육도 포함된다고 할 수 있다. 도시민에게 식물의 재배나 동물 사육 기회를 제공하는 다양한 활동을 포함한다고 볼 수 있다.

치유농업을 '농업 활동'에 중점을 둘 경우 치유농업의 범위는 1차 산업인 '농업 생산 활동'에 한정될 수 있다. 농업 생산 활동은 농작물 재배, 채소나 과수 재배, 꽃 재배, 동물 사육, 곤충 기르기, 문화나 관광 탐방 등으로 제시할 수 있다. 그러나 최근 농업의 영역이 생산을 넘어 가공, 유통, 저장, 도시농업 등으로 확대되고 있다. 또한 현재는 1차, 2차, 3차 산업이 융복합되는 6차 산업 시대며 다양한 농촌 교육이나 체험 활동도 농장이나 교육장에서 이뤄진다. 따라서 농업 생산 활동으로 치유농업의 범위를 한정해서는 안 된다.

치유농업을 '치유 활동'에 중점을 두면 신체, 인지, 체험, 심리 등 전통적 농업 외의 범위까지 확대된다. 또한 치유의 범위도 육체적 치유뿐만 아니라 정신적, 정서적 치유도 포함한다. 이 경우 치유농업의 범위는 광범위해지며 치유농업 프로그램이나 치유 서비스도 다양하다. 치유농업은 치유를 위한 수단으로 농업을 활용하는 것이 본래적 개념이지만 타 부문으로 영역이 확대되는 현실이다.

치유농업의 주무 부처는 농촌진흥청이다. 최근 치유농업 업무가 확대되고 치유농업의 목적과 활동, 효과도 다양해지는 현실이다. 치유농업의 성공적 수행을 위해서는 관련 부처의 협력이 필요하므로 농림축산식품부를 비롯한 보건복지부, 식품의약품안전처, 문화체육관광부, 산림청, 해양수산부 등 유관 부처의 실질적인 협조와 융복합이 필요하다.

2 한국의 치유농업 추진 상황

우리나라에서 치유농업이 추진된 배경은 복합적이다. 치유산업 전반이 추진된 배경과 유사하나 농업에 치중하는 점, 원예치유에서 출발한 점 등에서 다소 차이는 있다. 치유농업은 원예치유에서 시작됐고 도시농업 개념도 포함하며 점차 영역이 확대되는 현실이다.

치유농업이 추진된 요인을 크게 나누면 사회구조적 요인과 농산업적 요인으로 나눌 수 있다. 사회구조적 요인은 건강에 대한 관심 증가, 코로나19 등 팬데믹 현상, 저출산, 고령화 등 인구구조 변화와 농촌 소멸화 우려 등이다. 농산업적 관점에서는 농업 정책의 중점 변화, 농업 및 농촌의 다원적 기능 재발견, 신산업으로서의 가능성 증대, 농업의 범위

치유농업 추진 과정

1994 초창기
원예치유 도입
- 생활 원예
- 프로그램 개발 적용

2013~2014 도입기
치유농업 도입 전략 구상
- 치유농업 현황과 특성 분석
- 국내 도입 전략 구상
- 대상자 맞춤형 원예치유 프로그램 지원

2017~2020 활성화 기반 구축기
생애주기별 맞춤형 치유농업 서비스 설계
- 서비스 제공 체계화
- 치유농업 프로그램 보급 사업
- 치유농업법 제정(2020. 3. 24)

2015~2016 전략 수립기
치유농업 제도 구축 방안 마련
- 치유 프로그램 용어 사용 기준 마련
- 치유농업 육성 및 지원에 관한 법률(안) 작성
- 한국-네덜란드 치유농업 총서 발간

2021 활성기

2022 활성기

- 치유농업법 시행(2021. 3. 25)
- 치유농업추진단 발족(2021. 4. 5)
- 치유농업사 양성 기관 제정(2021. 7. 3)

와 영역 확대 등을 들 수 있다. 농촌진흥청의 치유농업 추진 과정을 연도별로 요약하면 위 그림과 같다.

법령 제정 · 제도 개선 · 기반 구축

농촌진흥청에서 추진한 치유농업 업무는 다양하다. 크게

정리하면 법령 제정, 조직과 기능 확충, 교육, 시설 확충 등으로 요약할 수 있다. 치유농업의 본격적인 추진은 2021년 3월 시행된 〈치유농업 연구개발 및 육성에 관한 법률〉이 기초가 됐다. 이 법에 의거해 2021년 5월 20일 치유농업사 양성 기관 지정, 2021년 7월 26일 자격시험 관리 고시 제정 등 다양한 업무를 추진했다. 또한 치유농업 업무를 추진하는 전담 조직으로 치유농업추진단을 2021년 4월 농촌진흥청 본청에 설치했다. 치유농업추진단은 치유농업 정책 개발, 시설 확충, 품질관리, 기반 구축, 홍보 강화 등의 많은 업무를 수행했다. 치유농업 발전을 위한 법정 계획으로 '제1차 치유농업 연구개발 및 육성 종합계획(2022~2026년)'을 대통령 직속 국가 과학기술심의회에서 의결해 2022년 4월 26일 시행했으며 매년 시행 계획을 수립하고 있다. 치유농업추진단은 2024년부터 농촌지도국 소속의 농촌자원과에서 팀 단위 조직으로 운영되고 있다.

치유농업에서 교육이나 홍보, 치유농업사 양성, 치유농업 전문 인력 육성도 중요하다. 치유농업 교육은 초기에는 교육을 중시하는 교육 농장에서 출발했으나 최근에는 사회적 재활, 수형자 교육, 일자리 만들기 등에서 치유농업이 추진되고 있다. 치유는 휴먼 서비스로, 서비스 제공자의 역량이 중요하고 치유농업에 대한 철학과 윤리 의식, 농업·보건·심리·상담 능력 등이 필요하다. 치유농업사는 국가 전문 자격을 갖춘 사람이며 전국의 15개 양성 기관에서 교육을 받은 후 1차 시험과 2차 시험을 통과해야 한다. 2023년까지 배출된 치유농업사는 391명이다. 또한 치유 농장 시설 운영자를 위해 150시간의 교육도 실시하고 있다. 치유농업 교육은 치유농업 인증제의 기본 조건으로 연결시키고 있다.

치유농업을 현장에서 추진하기 위한 시설도 필요하다. 중앙 및 광역 거점 기관을 비롯해 지역의 치유농업 서비스 시설도 구축했다. 2021년에는 서울시 농업기술센터와 경상북도 농업기술원에 식물, 동물, 곤충, 경관을 활용하는 치유농업 서비스 공간이 설치됐다. 2017~2023년 동안 농장형 337개, 마을형 67개를 추가 설치했다.

치유농업 인증제는 중요하다. 치유농업 인증제가 정착돼야 국민에게 치유농업 시설에 대한 정확한 정보를 제공해 신뢰를 구축할 수 있으며 각 부처의 사회 서비스나 실손보험 등 민간 보험과 연계도 가능하다. 유럽에서는 치유농업 인증제를 기반으로 하고 있다. 2023년 6월 '우수 치유농업시설 인증제' 도입을 위해 치유농업법을 개정해 같은 해 6월 20일 개정안이 공포됐다. 치유농업 인증제 시행을 위한 준비를 마무리해 2025년부터 제도가 시행될 예정이다. 지방자치단체에서는 치유농업 조례를 제정해 시행하고 있으며 2023년까지 83개소로 확대했다.

치유농업 관련 연구 개발 강화

치유농업에서는 연구 개발이 중요하다. '치유'라는 개념보다 '힐링'으로 알려지는 우리나라의 치유농업 연구는 1990년대 원예 치료를 중심으로 시작됐다. 그간의 연구 결과를 토대로 2021년 3월 〈치유농업 연구개발 및 육성에 관한 법률〉에 의거해 연구의 기초 확립과 영역을 확대하게 됐다. 치유농업의 성과도 연구 개발로 검증할 수 있으며 치유 프로그램 개발, 치유 기자재 활용 등 여러 분야에서 연구 개발이 중요하다. 아울러 치유농업 연구는 여러 분야에 걸쳐 추진돼야 한다. 치유농업 자원을 발굴하고, 치유농업 프로그램의 효과를 검증하며, 치유농업 결과 평가, 치유농업 활용 기술 개발 등 많은 분야에서 연구 개발이 필요하다.

치유농업 프로그램 관련 연구는 2023년까지 46종의 프로그램을 개발하고 효과를 검증했다. 여기에는 일반인을 위한 예방형 프로그램(27종)과 심신질환자의 건강 유지 및 증진을 위한 특수목적형 프로그램(19종)이 있다. 그 외에 높낮이 조절 화분 등 이동약자나 장애인의 농작업 편이 도구 5종을 개발했다. 치유농업 연구의 중요성은 더 강조할 필요도 없다. 치유농업 자원의 생육적, 화학적 특성을 평가한 연구 결과는 조기에 DB화해 다양하게 활용해야 한다.

부처 간 협력과 현장 확산

치유농업이 실질적인 성과를 내기 위해서는 관련 부처와의 협력이 필요하다. 중앙 부처는 물론이고 지방자치단체와의 협력도 중요하다. 중앙 단위에서의 협력은 치유농업 관련 정책 개발, 예산 지원, 인증제 심사, 치유농업사 시험 등 많은 분야에서 이뤄진다. 농촌진흥청도 그간 추진한 여러 가지 치유농업 모델이나 사업을 관련 부처에 제공하고 있다. 2022년부터 농촌진흥청은 '수요자 맞춤형 치유농장 대표모델 육성' 사업을 비롯해 치유 프로그램을 복지 기관 대상자에게 제공해 치유 농장 모델을 육성하고 있다.

치유농업은 보건복지부와 협력이 중요하다. 치유농업의

연구와 효과 검증뿐만 아니라 현장 적용에도 보건 의료 분야와 관련성이 많기 때문이다. 노인 맞춤 돌봄, 재가 급여, 발달 장애인 주간 활동 지원, 치매안심센터 등 다양한 분야에서 협력이 이뤄진다. 전국의 256개소 치매 시설 중 111개소가 치유 농장과 연계하고 있으며 교육부의 위기 학생을 지원하는 '위(Wee) 프로젝트'(위센터, 위스쿨)도 치유농업과 연계된다.

치유농업 정책의 협의를 위해 관련 기관 간 협의회를 운영하고 있다. 농림축산식품부, 해양수산부, 농촌진흥청, 산림청 4개 부처가 치유정책협의체를 구성해 다양한 협력을 추진하고 있다. 그 외에 여성·청소년(여성가족부), 근로자(고용노동부), 군인(국방부), 교정수용자(법무부) 등의 협력도 필요하다.

치유농업의 현장 확산을 위해 지방자치단체가 주도적 역할을 해야 한다. 경남 김해에는 치유농업확산센터를 설치 중이며 2026년까지 광역 단위 거점 치유농업센터 17개소를 설치할 계획이다. 치유농업센터에서는 치유농업 시설 운영자 교육, 광역 단위 복지 기관과 연계, 민간단체와의 협력과 네트워크, 치유농업 정보망 구축 등 다양한 업무를 추진한다.

3 치유농업의 사회 경제적 가치와 효과

치유농업은 농업 활동을 통해 다양한 사회 경제적 효과를 가져오며 그 효과는 다원적이다. 참여자의 개인적인 효과도 있고 사회 국가적인 효과도 있다. 치유농업법에서 "사회적 또는 경제적 부가가치를 창출하는 산업"으로 치유농업을 규정하고 있으므로 일자리 창출 효과도 중요하다. 특히 청년들의 농업 진입을 촉진함으로써 농업을 통한 일자리 창출과 신규 시장 확대도 기대된다. 국민 건강의 유지, 회복, 증진은 기본적인 효과다. 최근 치유농업은 농촌관광을 증대하고 농촌의 다원적 기능을 재인식시키며 국가 발전에 큰 도움이 되고 있다. 이러한 기능이나 효과는 계량경제적으로 평가하기 어려운 부문이 많다.

치유농업의 사회 경제적 가치를 평가하는 방법으로는 크게 직접법과 간접법이 있다. 직접법으로 대표적인 것이 조건부 가치평가법이다. 이는 비시장적 재화에 대한 가상적 상황을 설정해 여러 조건을 부여한 후 각각의 상황에 대해 어느 정도 지불 의도(willing to pay)를 가졌는지 분석하는 것이다. 간접법으로는 대체법, 컨조인트 분석법, 특성거래법, 여행비용법 등이 있다. 다만 이러한 평가 방식은 평가 전제, 평가 결과, 평가 방법의 타당성 등에 대한 논란이 있으며 향후 공론화 및 검증 작업이 필요하다.

치유농업의 사회 경제적 가치에 대한 연구 결과는 많지 않으나 충남대학교의 조사 결과에 따르면 약 3조 7,000억 원에 이른다. 식물의 소비 확대 같은 관련 분야까지 포함할 경우 경제적 효과는 더욱 클 것으로 전망된다. 농촌진흥청에서 실시한 치유농업 정보망 편익 산출에 따르면 CVM(Contingent Value Method) 방법을 통한 치유농업의 사회 경제적 가치는 약 1,863억 원으로 나타났으며 일자리 창출 가치는 2025년 기준 약 4,500명으로 나타났다(치유농업 시설 개소당 평균 고용 창출을 4.5명으로 계산함). 농촌진흥청에서 발표한 치유농업의 제1차 치유농업 연구개발 및 육성 종합계획(2022~2026년)에 따르면 기간 중 경제적 파급 효과는 생산 유발 효과 약 2,545억 원, 부가가치 유발 효과 약 1,349억 원, 고용 유발 효과 약 1,889억 원으로 분석됐다. 보건 서비스 확대를 통한 보건 비용 절감은 예방 효과, 치료 효과, 재활 효과로 구분해 평가할 수 있다. 예방 효과는 신체 및 정신 질환 등의 잠재적 건강 문제를 미리 막거나 건강한 발달과 삶의 질 향상, 건강의 유지 및 증진을 목적으로 하는 효과다. 치료 효과는 현재 앓고 있는 질병, 장애 또는 문제를 완화하거나 병적 상태를 덜어주는 효과를 말한다. 재활 효과는 신체적, 정신적, 사회적, 직업적, 경제적 장애 상태의 능력과 기능을 증진하고 회복시키는 효과를 말한다.

치유농업의 의료적 효과나 경제적 효과는 어느 정도 평가할 수 있으나 계량적으로 평가하기 어려운 효과도 많다. 농촌 문화 보존, 농업에 대한 인식 제고, 인간의 건강과 삶에 대한 가치 인식 등 객관적으로 평가하기 어려운 것들이 있다. 치유농업은 농업 부문 외에도 많은 분야에 효과를 미치고 있다.

4 치유농업의 앞으로의 과제

치유농업의 향후 과제는 다양하다. 개선하거나 보완해야 할 과제도 있고 당면하게 처리해야 할 과제도 있다. 당면하게는 우수 치유농업시설 인증제 도입을 위한 기준 마련과 인증제 정착이 시급하다. 그간 현장 의견 수렴회를 거치고 테스트를 통해 기준(안)을 준비했으며 향후 기반을 갖춘 농가들이 인증을 받아 신뢰성 있는 치유 농장을 확대해야 한다. 현재 준비 중인 인증기준(안)의 핵심은 경영, 인적자원, 프로그램, 시설, 환경이다. 또한 사회 서비스 맞춤형 프로그램 개발도 확대해야 한다. 관련 부처와 협력해 사회 서비스와 연계하는 치유 농장 모델 육성을 확대해야 한다.

치유농업 과제에 대해 치유농업 종사자, 농업인, 연구 기관, 정부 부처별로 다양한 의견을 제시하고 있다. 농촌진흥청에서 치유농업을 직접 추진해온 이옥희 치유농업확산 팀 팀장은 그동안의 경험을 토대로 적극적으로 추진하겠다고 밝혔다. 이옥희 팀장은 "치유농업은 대응해야 할 과제도 많고 관련 부처가 적극적으로 협조할 사항도 많다. 농촌진흥청이 치유농업을 추진한 기간은 길지 않으나 나름대로 성과를 거뒀다. 향후에 제기되는 다양한 치유농업 과제에 대해서도 그동안의 경험을 토대로 적극적으로 풀어가겠다"라고 한다.

치유농업에 대한 현장 반응도 매우 긍정적이다. 조은희 충청북도 농업기술원 원장은 향후 치유농업은 "농업의 새로운 미래를 개척한다는 의미에서 매우 중요하며 고령화된 인구구조 변화에 대응해 노후를 치유농업으로 보내는 것도 의미가 크다. 향후 치유농업 발전을 위한 의료보험 반영 등 의료 행정의 적극적 협조도 필요하다. 치유농업은 현장의 다양한 여론과 목소리를 들어 각종 법령상의 애로도 해결해야 한다"라고 지적한다.

농촌진흥청에서 농작물 재배나 동물 사육 기술 지도 중심의 치유농업 추진에 대해 농림축산식품부 이정석 전 친환경 농업과장은 현실적 개선책을 제시한다. "유럽의 경우 치유농업에 활용되는 농업 생산이 대부분 친환경 농업에 기반을 두고 있다. 우리나라도 친환경 농업과의 연계 강화를 통해 보다 내실 있는 치유농업이 추진되길 기대한다. 친환경 농업이 토양과 자연을 보전하고 치유할 뿐만 아니라 친환경 농산물이 일반 농산물보다 더 건강하기 때문이다. 또한 치유농업은 농촌진흥청이 주도하지만 농림축산식품부, 보건복지부 등 타 부처의 협력이 필요하다. 치유농업은 농촌 현장에서 추진되므로 치유농업을 통한 농업인의 소득 증대나 생활 향상 등 농산업 발전이 선도돼야 한다. 나아가 비농업 부문을 고려해야 하며 인간을 중심으로 하지만 동식물과 환경을 모두 고려한 종합적인 치유농업 정책이 추진되길 기대한다"라고 한다.

한국농촌경제연구원 원장을 역임하고 현재 대통령 소속 농어업·농어촌특별위원회의 농어촌분과위원장을 맡고 있는 김창길 위원장은 "향후 농림 해양 기반 치유산업이 농림 해양 부문에 큰 변화를 가져오고 농림 수산 경제 활성화와 지역 소멸 대응을 위해 매우 중요하다"라고 한다. 더불어 "치유 농림 해양산업을 성공시키기 위한 관계 부처 협조가 절실히 요청되며 농어업위에서 정책 연구 과제를 수행하고 범부처 주요 의제로 다뤄질 수 있도록 관심 있게 챙기겠다"라고 언급한다. 향후 각계의 다양한 의견을 종합적으로 고려해 치유농업을 효율적으로 추진해야 한다.

장정희 ㅣ충주시 농업기술센터 소장ㅣ

본 내용은 2023년 10월 8일 장정희 소장이 〈글로벌경제신문〉과 인터뷰한 내용이다. 치유농업을 하는 농업인이나 치유농장을 운영하는 사람들이 직면하는 과제에 대해 정리했다. 장정희 소장은 농촌진흥청의 치유농업추진단 단장을 역임했고, 현재는 충주시 농업기술센터 소장을 맡고 있다.

Q 치유농업을 하려는 데 어려움이 많다. 현재 농업을 영위하고 있거나 은퇴해 치유 농장을 운영하고자 하는 사람들이 준비해야 할 것은 무엇인가?

A 치유농업은 휴먼 서비스기 때문에 치유농업 서비스 제공자의 역량에 따라 평가가 달라진다. 서비스 제공자는 사람에 대한 이해와 철학이 기반이 돼야 한다. 갖춰야 할 지식

과 내용이 많기에 지방 농촌 진흥 기관에서 운영하는 '치유 농업시설 운영자 교육'을 통해 관련 지식 습득이 필요하다. 특히 치유농업 시설 조성에 필요한 법령(농지법, 건축법 등)의 숙지가 필요하다.

Q 치유농업을 하려면 여러 가지 지켜야 할 법령이 많다. 치유 농장을 하고자 하는 사람들도 농지법 등 관련 법령상 규제가 많아 애로라고 한다. 치유농업 현장의 대표적인 건의 사항으로는 어떤 것이 있나?

A 여러 가지 애로 사항 중 가장 많은 것이 농업 진흥 지역에서 치유 농장을 조성할 때 필요한 실내 활동 공간, 화장실, 그늘막(정자 등) 등을 설치하기 위한 농지 전용에 애로가 많다. 이를 잘 모르는 사람도 있고 알고 있더라도 관련 규정이 까다로우므로 완화를 요구하는 민원도 많다. 우리가 치유농업 정착을 위해 관계 부처와 협의 중이다. 그러나 일단 현행 법령을 잘 따라야 한다고 생각한다. 농지 전용 허가는 지역마다 상이한 복합적인 상황을 고려해 지방자치단체 행정 기관에서 심의를 진행하고 있다. 치유농업 시설은 농지법 등 타 법에 저촉되지 않게 설치해야 하므로 관련 법령(농지법 시행령 제29조, 제33조)을 숙지하고 지방자치단체 농지 담당자와 협의가 필수적으로 선행돼야 한다.

Q 2024년부터 치유 농장 품질 인증제가 실시된다. 그 내용은 무엇이고 어떤 것을 준비해야 하나?

A 치유농업에 대한 기대가 확산되면서 여러 가지 문제점이 나타나고 우려도 발생하고 있다. 치유 농장을 자처하는 농장 수가 증가해 치유농업 서비스 품질이 떨어진다는 우려가 많아 이에 대한 관리가 필요하다. 앞서 설명한 것처럼 치유농업 서비스 품질관리를 할 수 있도록 우수 치유농업시설 인증제 도입을 위한 2023년 6월 20일 치유농업법을 개정했으며 국내외 인증 기준을 분석해 우수 치유농업시설 인증 기준을 도출했다. 2023년 4~9월 동안 10개소 현장 테스트와 2023년 6~9월 동안 7회의 의견 수렴회를 추진해 최종 기준을 마련 중에 있다.

Q 치유농업이 제대로 발전하려면 타 분야, 예를 들어 보건복지부 등 다른 부처의 협조가 필요하다. 치유농업 발전을 위해 구체적으로 협조받아야 할 내용에는 어떤 것이 있나?

A 치유농업 발전에는 여러 관계 부처 협조가 필요하다. 특히 복건복지부, 여성가족부, 지방자치단체 등에서 사회복지사업에 활용할 수 있는 제도적 장치를 마련해야 한다. 우리도 이 분야를 추진하기 위해 치유농업 종합계획 수립 내용(법

률 제5조)에 사회복지사업 연계 방안을 추가하는 법률을 개정하고 있다. 각 부처가 추진하고 있는 사회 서비스 사업에 치유 농장이 협력 농장 또는 사회 서비스 제공 기관으로 참여해 서비스를 제공하고, 치유 농장은 강사비와 재료비 등의 비용을 받아 안정된 수익 구조 시스템을 구축하는 것이 필요하다.

Q 치유농업의 효과를 입증하려면 의학적, 과학적 입증이 필요하다. 구체적으로 어떤 노력을 하고 있는가?

A 치유농업 효과 입증에 있어 의과학적 입증은 매우 중요하다. 과학적, 객관적 효과 검증과 쉽게 적용할 수 있는 웨어러블 측정 기기 개발을 위해 보건, 의료계, 디지털 전문가와 협력을 확대하고 있다. 측정 지표도 기존의 인지, 심리, 사회적 지표 외에 생리적, 신체적, 의과학적 측정 지표를 적용해 과학적 효과 검증을 강화하고 있다. 측정 방법도 임상 정보에 기반한 보건 의료 분야 공동 연구 확대와 ICT, IoMT를 활용해 스마트 생체 계측 장치를 개발하고 있다.

Q 치유농업은 농업을 넘어 전 국민에게도 매우 중요한 산업이다. 향후 치유
농업의 전망은 어떻게 보며 준비해야 할 것은 무엇인가?

A 치유농업 전망은 매우 밝다. 현대인은 과잉 경쟁과 급변하
는 시대를 살아가면서 스트레스나 생활습관성 질환 등 신
체적, 정신적 어려움을 겪고 있다. 이러한 어려움의 해결책
으로 일상에서 벗어나 농촌에서 힐링하는 치유농업이 대안
으로 떠오르고 있다. 고령화로 인해 노인 시설 등의 증가가
필요하고 노년 생활의 존엄성 등으로 탈시설화에 대한 요
구가 증가하고 있어 치유농업은 향후 인간 존엄과 복지의
핵심적 사업이 될 것으로 예상된다.

A 치유농업을 하려면 갖춰야 할 사항이 많다. 개인이 준비해
야 할 일도 있고 국가와 지방자치단체가 준비해야 할 일도
많다. 국가에서는 첫째로 우수 치유농업시설 인증제를 통
한 치유농업의 국민적 신뢰도 확보가 중요하다. 우수 치유
농업시설 인증제를 도입해 치유농업 서비스 품질을 향상시
키고 국민 신뢰도를 구축하고자 한다. 둘째로 복지사업과
제도적 연계 확대가 필요하다. 사회복지사업과 연계하는
치유농업법 개정, 사회 서비스 맞춤형 프로그램 개발, 관련
부처와 협력해 사회 서비스와 연계하는 치유 농장 모델 육

성 등으로 복지사업과 연계를 확대해야 한다. 셋째로 대국민 홍보도 매우 중요하다. 치유농업 정보망에 국민들이 활용할 수 있는 치유 농장, 치유농업 프로그램 등에 대한 정보를 제공해 인지도를 제고할 계획이다. 치유농업의 사회경제적 가치는 2017년 기준 약 3조 7,000억 원에 이른다. 많은 전제하에서 추정한 금액이지만 이보다 훨씬 큰 가치가 있다고 생각한다.

5장

숲에서 행복을 찾는 산림치유

1 산림치유란?

.
.
○
.

    치유산업 중에서 가장 먼저 시작했고 국민의 좋은 평가를 받고 있는 분야가 산림치유다. 산림청은 산림치유의 중요성을 일찍이 인식하고 법령을 제정해 다양한 산림치유 정책을 추진했다.

    산림치유는 그 성과도 잘 나타나며 국민들의 생활 가까이에 와 있다. 많은 사람이 숲을 걸으면서 기분이 상쾌해지는 것을 느끼고, 숲을 아낌없이 내어주는 어머니의 품속 같은 곳으로 인식한다. 숲에서 활동하면 몸과 마음이 건강해진다고 믿는 사람이 많다. 권영록 국립산림치유원 원장은 2024년 1월 전남 완도에서 개최된 국제 치유산업 세미나에서 "숲 체험은 아동과 청소년에게 신체적 면역력을 증진시키고 학생

들의 환경에 대한 인식을 변화시키며 심리 안정과 인격 형성에 도움을 준다"라고 강조했다.

산림치유에 대한 국민적 관심과 성원은 지속적으로 높아지고 있다. 산림청장을 역임한 후 충북대학교 산림학과에 재직 중인 신원섭 교수는 "산림치유는 많은 사람이 애용할 뿐아니라 치유 효과가 과학적으로 입증된다. 앞으로도 산림치유의 효과는 사회적 관심을 끌 것이고 다양한 분야에서 적용이 시도되고 있으므로 매우 중요한 분야다"라고 강조한다.

산림치유의 추진 배경

산림치유는 산림에서 몸과 마음을 치유하고 휴식을 하는 것이다. 산림이라는 자연 요소를 활용해 인간의 건강을 증진시키는 활동이 산림치유다. 산림청은 산림치유를 "산림과 인간의 상호작용으로 형성되는 총체적 생활양식과 산림 내에서 이뤄지는 심신의 휴식 및 치유"라고 설명한다. 산림 내에서 이뤄지는 휴식과 치유가 주요한 내용이다. 인간이 마음대로 하는 활동이 아니라 산림과 인간의 상호작용이라는 것이다. 학자에 따라 산림치유를 복지나 웰빙의 관점에서 설명하기도 하나 산림치유는 산림을 통한 심신의 치유와 휴식이라는 점이 핵심이다.

산림치유를 역점적으로 추진하기 위해 산림청은 산림치유의 중요성을 법령에 넣고 여러 대책을 추진했다. 그만큼 중요하다는 말이다. 산림치유를 법적, 행정적 또는 학문적으로 잘 정의해야 한다. 우리나라는 2005년부터 '산림치유'라는 단어를 〈산림문화·휴양에 관한 법률〉에 넣어 법제화했다.

산림치유의 법적 정의는 "향기, 경관 등 자연의 다양한 요소를 활용하여 인체의 면역력을 높이고 건강을 증진시키는 활동"이다. 산림치유는 질병의 치료 행위가 아닌 건강의 유지를 돕고 면역력을 높이는 치유 활동을 말하는 것이다. 산림치유에 대한 수요가 높아지자 다른 법으로도 산림치유를 지원하고 있다. 2015년 3월 〈산림복지 진흥에 관한 법률〉이 제정됐다. 법령 제정으로 한국산림복지진흥원의 설립 근거가 마련됐으며 2016년 4월 18일 한국산림복지진흥원이 발족했고 국립산림치유원이 개원했다. 세계 최초로 산림 복지 전문 공공기관이 설립된 것이다.

산림치유의 행정적 정의는 "자연환경 중에서 숲이 가지는 다양한 물리적 환경 요소(경관, 테르펜, 음이온 등)를 이용해 인간의 심신을 건강하게 만들어주는 자연요법의 한 부분"이라고 한다. 이 외에도 산림청은 산림치유를 "인체에 미치는 생리적, 심리적 효과를 과학적, 의학적 성과를 기반으로 체계적 프로그램을 통해 검증하고 그 결과를 토대로 산림을 심신 치유에 활용"한다고 한다. 국립산림과학원은 "산림치유는 숲에 존재하는 다양한 환경 요소를 활용해 인체의 면역력을 높이고 신체적, 정신적 건강을 회복시키는 활동"으로 정의한다.

학문적으로 산림치유를 보건의학적 측면이나 자연환경적 측면 등 다양한 관점과 요소를 넣어 정의하기도 한다. 학문적으로는 산림이 가진 여러 가지 보건의학적인 치유 요소들을 활용해 심신을 치유하는 것, 산림 환경을 이용해 심신의 건강을 증진시키는 모든 활동으로 그 효과가 과학적으로 검증된 것, 산림이 가지고 있는 다양한 자연환경 요소, 즉 경관·소리·향기·피톤치드·음이온·물·광선·기후·지형 등이 인간의 신체 조직과 생리적·감각적·정신적으로 교감해 심신 건강을 증진시키는 숲속 활동 등이 있다.

산림치유의 최종 목적은 인체의 면역력을 높이고 건강을 증진시키는 것이다. 앞으로 산림치유의 목적은 더 많아질 것이다. 인체의 면역력을 높이고 건강을 증진시키는 활동 외에 새로운 국민 삶의 질을 향상시키는 목적도 있다. 최근 산림치유의 효과도 다양해지고 있다. 이러한 변화에 부응하는 산림치유의 수단과 목적을 보완해야 할 것이다.

산림치유의 수요 증대

산림치유는 국가적으로 중요한 정책이다. 국가 차원에서 산림치유를 추진하는 이유나 목적을 정리하면 다음과 같다. 첫째, 고령사회의 진입이다. 우리나라는 2025년 초고령사회 진입이 예상됨에 따라 치유산업을 중요하게 다뤄야 한다. 둘째, 환경성 질환의 증가다. 아토피, 천식 등 환경성 질환이 증가하고 직업 환경 스트레스도 증가하는 현실이다. 이에 대비해 산림치유를 적극 추진해야 한다. 셋째, 산림치유에 대한 과학적 연구가 증가하고 있다. 그 결과로 산림치유의 효과가 구체적으로 밝혀지고 있다. 숲이 주는 생리적, 심리적 건강 증진 효과가 과학적으로 많이 입증되고 여러 언론을 통해 소개되고 있다. 이러한 배경 외에도 건강에 대한 관심 증가, 의료비 부담 증가, 국민 소득 증가. 환경성 질환 증가, 환경 스트레스 증가 등으로 산림치유를 확대해야 한다는 주장도 많다.

산림치유는 다양한 사회 변화와 환경 변화로 대두됐으나

현실적으로 매우 유용하다. 살아가는 평생 동안 활용하는 서비스산업이며 이른바 '엄마 배 속에서부터 무덤까지' 필요하다는 말이다. 어린이, 청소년, 성인, 노인 등 생애주기별로 산림 복지 서비스가 필요하다. 산림치유 배경이나 목적은 치유관광, 치유농업, 해양치유 등 타 치유산업이 대두된 배경과 유사하다. 산림치유의 이론을 학문적으로는 주의회복이론Attention Restoration Theory, 진화심리이론Evolutionary Psychology, 사바나이론Savana Theory 등 여러 가지로 설명하기도 한다. 주의회복이론은 자연에서 보내는 시간이 주의를 회복시켜 더 나은 집중력으로 이끈다는 심리학 이론이며, 진화심리이론은 인간의 심리와 행동을 진화적 논리와 이론으로 설명하고자 하는 학문, 사바나이론은 인류의 탄생과 진화는 같은 아프리카 사바나 숲에서 이뤄져왔다는 심리이론을 중심으로 설명하는 것이다.

우리나라는 산림 면적이 큰 국가며 산림을 이용하는 국민도 많다. 많은 국민이 이용하는 산림치유는 수요가 늘어나면서 효과가 잘 나타나고 있다. 국민이 일상을 보내는 공간으로 1위를 차지하는 곳이 산림이다. 산림이 제공하는 서비스는 유형적 재화나 서비스도 있고 무형적 서비스도 많다. 산림 이용자 수가 매우 많은 바, 2022년 산림 복지 시설을 이용한 수혜 인원은 약 2,260만 명으로 전체 국민의 44% 정도였다. 국민의 절반가량이 산림 복지를 이용한다는 이야기다. 산림치유 프로그램을 체험한 사람이 36만 6,000명, 산림치유 시설 이용객은 297만 명 수준이다. 산림치유는 국민의 호응이 높고 수요가 늘어나고 있으므로 잘 발전시켜야 한다.

산림 복지

산림치유는 산림 복지의 일환이다. 산림 복지는 〈산림복지 진흥에 관한 법률〉 제2조에 따르면 "국민에게 산림을 기반으로 하는 산림복지서비스를 제공함으로써 국민의 복지 증진에 기여하기 위한 경제적·사회적·정서적 지원"이라고 규정한다. 산림치유를 포함한 산림 복지는 국민의 높은 호응을 받고 있다. 행정적으로는 산림치유를 "자연환경 중에서 숲이 가지는 다양한 물리적 환경 요소(경관, 테르펜, 음이온 등)를 이용해 인간의 심신을 건강하게 만들어주는 자연요법의 한 부분"이라고 한다.

국내 산림 복지 정책의 변화를 보면 1987년까지는 산림 녹화가 중요시된 시기였으며, 1988년부터 2007년까지는 산림 이용의 시대였다. 그리고 2005년 이후 산림 복지 시대가 도래하는 모습이다. 산림 복지 정책의 추진 상황을 주요 사업별로 보면 다음과 같다. 1986년 광릉의 산림욕장 개장을 선두로 1989년에는 유명산, 대관령 등의 자연 휴양림이 개장했다. 1996년에는 지암리 산림생태마을 조성, 2005년에는 국립자연휴양림관리소가 신설됐다. 2006년에는 〈산림문화·휴양에 관한 법률〉이 제정됐으며, 2010년에는 산림치유 개념 정립, 2012년에는 〈산림교육의 활성화에 관한 법률〉 제정, 2013년에는 '산림복지 종합계획'을 수립했다. 2016년에 〈산림복지 진흥에 관한 법률〉 제정과 한국산림복지진흥원 설립, 2017년에는 '산림복지 진흥계획(2018~2022년)' 수립으로 산림 복지 정책의 핵심을 정리할 수 있다.

산림치유는 산림 복지와 함께 많은 국민의 성원을 받고 있으며 앞으로도 산림은 좋은 공간으로 인식될 것이다. 또한 산림치유의 사회적, 경제적 가치도 높아질 것이다. 이러한 상황을 감안해 산림청은 한국 산림 정책의 큰 방향을 '숲속의 대한민국'을 만드는 것이라고 한다. 산림 정책을 강화하기 위해 시설 확충, 서비스 단지 조성, 프로그램 증대, 산림 휴양과 교육, 치유 프로그램 개발 등 다양한 정책을 추진하고 있다.

2 한국의 산림과 치유의 숲

산림 현황

　산림치유를 살펴보기 위해 먼저 우리나라 산림의 일반 현황을 알아야 한다. 한국은 산과 숲이 많은 산림 국가다. 우리나라의 산림 면적은 2020년 기준 약 629만 헥타르다. 국토 면적 1,000만 헥타르의 약 63%를 차지한다. 국제적으로 우리나라는 산림이 많은 국가로 알려져 있으며 산림 면적은 세계 평균인 31%의 2배가 될 정도다. 경제협력개발기구 국가 중에서 산림율이 핀란드 73.7%, 스웨덴 68.7%, 일본 68.4%에 이어 4위를 차지한다.

　산림이란 무엇인가? 〈산림자원의 조성 및 관리에 관한 법률〉제2조에 따르면 산山은 '주위보다 높이 솟아 있는 지형'을 말하며, 숲林은 '나무가 빽빽하게 우거진 곳'을 말한다. 산림山林은 '집단적으로 자라고 있는 입목 및 대나무와 그 토지' 등을 말한다. 산림 면적을 소유별로 보면 국유림이 약 166만 헥타르로 26.3%, 공유림이 약 48만 헥타르로 7.7%, 사유림이 약 415만 헥타르로 66%다. 국공유림도 상당하나 전체의 66%가 사유림인 국가다. 전체적으로 사유림 비중이 높으나 국유림 확대 정책을 추진해 국유림이 점차 증가하는 추세다. 그러나 전체 산림 면적은 도로, 대지, 공장 용지 조성 등 산지 전용으로 감소하는 추세다. 숲의 울창한 정도를 나타내는 임목 축적(나무의 재적)은 헥타르당 165m³다. 지속적인 숲 가꾸기 활동으로 임목 축적이 2015년에 비해 13% 증가했다.

우리나라 산림업의 위상도 비교적 높은 편이다. 목재, 임산물 등 산림산업의 생산 규모는 연간 48조 원에 이른다. 숲이 주는 공익적 가치는 약 259조 원으로 추정된다. 우리나라 국민은 울창한 산림으로부터 1인당 연간 499만 원의 혜택을 받고 있는 상황이다. 이 규모는 2020년 국내총생산GDP 1,941조 원의 13.3%, 농림어업총생산 34조 3,000억 원의 8.1배에 해당하는 금액이다. 산림의 공익 기능도 여러 가지다. 온실가스를 흡수하고 저장하는 기능이 97조 6,000억 원, 산림 경관을 제공하는 기능이 31조 8,000억 원, 산림 휴양 제공 기능이 28조 4,000억 원, 토사 유출을 방지하는 기능이 26조 1,000억 원, 마지막으로 산림 정수 기능이 15조 2,000억 원으로 5.9%에 이른다.

국토의 60%가 넘는 면적이 산림으로 이뤄진 대한민국이지만 역사적으로 산림은 황폐화되고 훼손이 많았다. 해방 이후 산림을 육성하기 위해 많은 노력을 했다. 1970년대 초부터 산림 보전과 국토 녹화를 위한 본격적인 정책을 추진했으며 산지 자원화, 심는 정책에서 가꾸는 정책으로 정책 변화, 산림 혜택의 선순환 구조 확립, 산림의 지속 가능한 관리 등 다양한 대책을 추진해왔다.

산림치유인자

산림치유의 핵심 요소는 산림자원이다. 산림자원은 자연 경관, 향기, 햇빛, 소리, 감촉, 맛 등 여러 가지가 있다. 인간의 오감을 자극하는 오감인자가 산림치유의 주요한 자원이었으며 최근에는 먹거리, 운동, 피톤치드, 음이온, 습도 등 새로운 자원이 추가로 등장하고 있다.

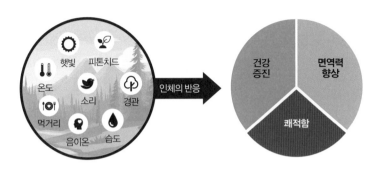

산림자원은 인체에 유익한 영향을 주며 여러 가지 효과를 가져오기에 소중하게 다뤄진다. 산림치유는 자원을 통해 추진되지만 산림 휴양 활동을 통해 이뤄지기도 한다. 전국에 있는 여러 산림치유원에서는 각종 프로그램 활동을 통해 산림치유를 시행하고 있다. 산림치유 자원을 학문적으로는 물리적 자원, 화학적 자원, 사회·심리적 자원, 문화적 치유인자로 구분하기도 한다.

숲 활동이 산림치유에 가장 많이 활용된다. 숲 환경이 주는 쾌적감이 좋기 때문이다. 숲 체험이 산림치유에 가져오는 효과는 여러 가지다. 신체적인 것도 있고 정신적이거나 정서적인 것도 있다. 의학적으로 산림치유는 면역력과 스트레스 대처 능력을 강화시킨다고 한다. 산림치유가 질병을 예방하

고 건강을 증진한다는 점이 의학적으로나 과학적으로 증명
되자 산림치유 신뢰도가 높아졌다. 최근 산림치유는 삶의 질
을 향상시키는 등 행복을 추구하는 효과도 강조되고 있다.
과학과 기술의 발달로 산림치유인자가 추가로 발견되고 그
효과도 다양하게 입증되고 있다. 이를 위해 산림치유 연구
개발을 강화하고 타 분야와 융복합이 필요하다. 또한 산림치
유를 위한 각종 체험 활동이나 프로그램 개선도 필요하다.

치유의 숲

'치유의 숲'이 산림치유에서 중요한 역할을 한다. 산림치
유는 치유의 숲에서 다양하게 행해지고 산림 복지 활동도 치
유의 숲에서 펼쳐진다. 치유의 숲을 중요시 여기고 본격적인
치유 활용을 위해 관련 법령을 제정했다. 치유의 숲에 대한
최초의 법령은 2007년 12월에 제정된 〈산림문화·휴양에 관
한 법률〉이다. 이 법령에서는 치유의 숲을 다음과 같이 규정
한다. 같은 법 제2조 제4호에 따르면 치유의 숲이란 "인체의
면역력을 높이고 건강을 증진시키기 위하여 향기, 경관 등
산림의 다양한 요소를 활용할 수 있도록 조성한 산림(시설 및

토지)"을 말한다고 한다.

산림청에서는 2007년 처음으로 치유의 숲 조성 사업과 '숲을 이용한 건강·치유 프로그램 개발' 연구 사업을 추진했다. 2009년 1월 경기도 양평의 산음 치유의 숲이 우리나라 최초의 국립 치유의 숲으로 개장했다. 전국의 산림치유 시설은 현재 48개소가 운영 중이다. 국립 11개소, 공립 35개소, 사립 2개소다. 치유의 숲에 대한 국민 방문이 지속적으로 증가하고 있다. 산림치유 프로그램 이용자는 2022년 기준 약 37만 명에 이를 정도다.

3 산림치유의 주요 정책과 프로그램

○
●
○
●

산림치유의 주요 정책

산림치유를 추진하는 정책은 다양하다. 직접적인 산림치유 정책도 있고 산림을 활용한 휴양 정책, 생태 관광 정책, 산악 레포츠 정책 등 여러 정책이 산림치유와 관련된다. 산림치유의 중요성을 인식해 정책으로 추진한 것은 2000년대 초반부터다. 당시 국내는 산림치유의 개념도 제대로 정립되지 않고 여건도 갖춰지지 않은 상태였다. 산림청은 산림치유에 대한 연구와 관련 법령, 제도를 마련했다. 산림치유 관련 법령과 제도를 만들기 위해서는 민간의 도움이 필요했으며 사단법인 한국산림치유포럼의 도움을 많이 받았다. 2006년 의학자와 산림학자 등으로 구성된 한국산림치유포럼은 산림치유 정책 개발, 자료 수집, 산림 휴양, 관광, 오락 등에 관련된 사업 등을 추진했다.

산림치유 정책은 〈산림문화·휴양에 관한 법률〉이 기본적인 토대가 됐다. 이를 바탕으로 '산림문화·휴양 기본계획 (2008~2017년)', '산림치유 활성화 추진계획(2012~2017년)', 산림복지 진흥계획(2018~2022년) 등 여러 계획을 연차적으로 추진했다. 치유의 숲 조성 67개, 산림복지전문업 등록 754건, 산림치유사, 숲 해설가, 유아 숲 지도사 등 많은 성과를 이뤘다.

산림치유 정책의 추진으로 산림 문화 휴양, 산림 교육 등 다양한 산림치유 서비스가 전 국민에게 제공돼 많은 호응을 얻고 있다. 산림치유 대상자를 구분하면 환자, 준환자, 건강인으로 나눌 수 있으나 실제 산림치유의 대상자는 전 국민이다. 참고로 환자는 치료 기관에서 치료 검사를 요하는 사람을 말하며, 준환자는 생활 습관 지도 관리가 요구되는 사람, 건강인은 심신의 휴식과 건강 증진을 원하는 사람 및 아동과 학생 등 산림 환경에 흥미가 있는 사람을 말한다. 산림치유 정책의 연도별 추진 상황은 다음과 같다.

연도별 산림치유 정책

연도	주요 정책
2005	산림 휴양 및 치유에 대한 포괄적 개념 명문화, 〈산림문화·휴양에 관한 법률〉 제정
2006	사단법인 한국산림치유포럼 설립
2008	제5차 산림 기본계획에 산림치유 정책 제시
2010	치유의 숲 법적 근거 마련, 〈산림문화·휴양에 관한 법률〉 개정
2011	산림치유지도사 제도 도입
2015	〈산림복지 진흥에 관한 법률〉 제정
2016	한국산림복지진흥원과 국립산림치유원 개원
2018	국립지덕권산림치유원 조성 사업 착수

자료: 산림청

산림치유의 주요 프로그램

산림치유 프로그램은 다양하다. 현장에서 활용되는 프로그램은 水치유 체험, 숲 휴식, 건강 장비 체험, 숲 산책, 산림 문화 탐방, 차 테러피 등 여러 가지 프로그램이 있다. 2005년 제정된 〈산림문화·휴양에 관한 법률〉을 토대로 다양한 숲이 지정되고 한국산림복지진흥원이 2016년 개원했다. 한국산림복지진흥원에서 운영되는 주요 치유 프로그램은 다음과 같다.

한국산림복지진흥원의 주요 프로그램

프로그램	내용
수치유	바데풀, 반신욕, 족욕 등 물을 이용한 전신 활동을 통해 신체 회복과 스트레스 해소를 돕는 프로그램
치유 장비	아쿠아스파, 아쿠아라인, 건식반신욕기로 신체 피로 해소
맨발 걷기	산림치유인자를 활용한 맨발 숲길 걷기를 통해 신체 기능을 향상시키는 프로그램
밸런스 테라피	맨손 스트레칭과 다양한 소도구를 활용한 운동을 통해 근력 강화와 신체 건강 증진을 유도하는 프로그램
숲길 걷기 (데크로드)	숲길을 걸으면서 산림치유인자를 통해 면역력을 증진하고 심리적 안정 및 신진대사 활성화를 도모하는 프로그램
해먹 체험	숲의 산림치유인자를 활용한 신체 활동과 해먹 체험을 통해 편안한 휴식을 취하는 프로그램
싱잉볼 명상	소리의 공명을 통해 신체감각을 깨워 심신을 안정시키는 프로그램
통나무 명상	통나무를 활용한 신체 균형과 이완 운동으로 몸의 감각을 느끼며 심신을 안정시키는 프로그램
다도 체험	다도와 다례를 배우고 꽃차 등 차의 향과 맛으로 정서를 안정시키는 프로그램

자료: 한국산림복지진흥원

산림 교육과 산림치유사

산림 교육은 산림에 대한 올바른 지식을 습득하도록 교육하는 것이다. 산림에 대한 올바른 지식을 습득하고 바른 가치관을 가지는 것이 중요하다. 산림 교육을 통해 산림을 지속 가능하게 보전하고 국가와 사회 발전 및 삶의 질을 향상시킬 수 있다. 특히 유아와 청소년의 창의력과 인성 교육을 함양시키기 위해 산림 교육의 필요성이 증대되고 있다.

산림 복지를 전문적으로 담당하는 기관으로는 한국산림복지진흥원이 있다. 이 기관에서는 생애주기별 맞춤형 산림 복지 서비스를 전달하고 산림 복지 서비스 이용권을 제공하며 산림 복지 전문가를 양성하고 있다. 전국의 다양한 산림 복지 시설을 관리하고 산림치유지도사와 산림 교육 전문가 자격증을 발급하고 있다.

개인이 산림치유를 하고 싶다면 산림치유지도사 자격증을 취득하거나 산림치유지도사를 고용할 수 있다. 산림복지 전문업 등 관련한 자세한 사항은 산림청 홈페이지(www.forest.go.kr)나 한국산림복지진흥원 홈페이지(www.fowi.or.kr) 등을 통해 확인할 수 있다. 산림치유는 국민의 호응이 높고 미래 전망이 매우 밝다.

산림치유를 다루는 산림치유지도사에 대한 관심이 높다. 치유의 숲 등 산림을 활용한 산림치유 프로그램을 기획하고 개발해 산림치유 활동을 지원하는 국가 자격의 전문가다. 산림치유지도사를 다른 말로는 숲에서 치유를 선물하는 전문가라고 할 수 있다. 이 제도는 2013년부터 시행됐으며 2023년 8월 기준 총 2,688명이 산림치유지도사 자격증을 취득했다. 산림치유지도사는 1급과 2급이 있으며 현재 1급은 564명, 2급은 2,124명이다. 취득 과정은 산림, 보건, 의료, 간호 등 전공 자격 기준을 충족하고 양성 기관에서 교육을 이수해야 한다. 1급 양성 기관은 10곳, 2급 양성 기관은 15곳이 있다. 1급은 18과목을 130시간 이상 교육받아야 하며, 2급은 24과목을 158시간 이상 교육받아야 한다. 이후 평가 시험을 봐서 합격해야 하며 법적 근거는 〈산림문화·휴양에 관한 법률〉 제11조의2(산림치유지도사) 제1항이다. 산림치유지도사 정보는 한국산림복지진흥원 홈페이지에서 산림 복지와 주요 사업에 대해 자세히 설명하고 있다.

4 외국의 산림치유

외국에서도 산림과 자연을 활용한 다양한 치유 활동이 많다. 산림의 치유적 속성을 활용해 건강을 증진시키려는 생각은 16세기부터 널리 인정돼왔다. 유럽에서는 호흡곤란, 결핵, 정신질환을 앓던 사람들이 숲으로 둘러싸인 환경에서 회복할 수 있는 시간을 보내기도 했다. 독일에서는 산림을 물리적인 치유와 회복을 위한 장소로 사용하는 오랜 전통을 가지고 있다. 스코틀랜드에서도 산림을 통한 자연 처방을 내리고 있다. 또한 산림을 통한 심리적 치유 시도도 나타나고 있는 바, 덴마크에서는 증거 기반 설계와 조경술의 개념에 따라 스트레스성 질환에 시달리는 사람의 정신적 치유와 건강 증진을 위한 자연 체험 공간을 조성하기도 했다.

독일의 산림치유

독일 국민은 오랫동안 질병 예방과 건강, 삶의 질 향상을 위해 산림의 역할을 높이 평가해왔다. 독일에서 산림은 수백 년 동안 결핵과 다른 질병을 치료하는 위생 시설과 운동 장소로 사용됐다. 많은 스파와 장기 요양 시설이 산림에 위치해 있다. 독일의 일부 지역에서는 특정 산림 지역과 시설이 건강에 기여할 수 있음을 인증하고 해당 산림을 건강 증진 목적으로 사용하는 것을 공공의료보험에 포함시키기도 했다. 메클렌부르크포메라니아주는 2019년부터 스파를 비롯해 지방자치단체가 치유에 적합한 고요한 환경, 공기 질, 우수한 자연환경과 숲길 경로, 기반 시설, 치유 활동 지원 인력 같은 기준에 따라 휴양·치유·치료를 위해 특정 산림 지역을 이용할 수 있도록 허용하는 법안을 통과시키기도 했다.

독일은 산림치유 선진국으로 1800년대에 시작된 기후요법을 모태로 다양한 산림치유산업을 추진하고 있다. 독일의 산림치유는 현대 의학이 해결하지 못하는 부분을 산림치유가 보완한다는 점을 강조한다. 보완 대체 요법 관점에서 현대 의학이 해결하지 못하는 부분을 산림치유 자연요법으로 접근하는 것이다.

산림치유 요양지인 쿠어오르트Kurort는 '치료', '요양'이란 뜻의 '쿠어Kur'와 '장소'라는 뜻의 '오르트Ort'의 합성어다. 쿠어오르트의 주요 목적은 건강 증진, 질병 예방, 재활 치료다. 치유자원은 산림, 해양, 토양 등의 자연 치유재와 의료다. 치유 내용은 치료(의료), 물리치료, 크나이프식 치료며 의료 시설(1인 이상 휴양지)에는 의사가 상주한다. 산림치유 요양지로 활용되고 있는 쿠어오르트는 관련 법률에서 조성 기준과 인증 기준을 명시하고 있다. 독일은 세계 최초로 산림치유에 의료보험제도를 도입했다. 건강보험법에서 일반인의 치유 프로그램을 지원하며 마사지, 물리치료 등 일부 제공되는 치료는 보험이 가능하다. 전국의 약 350개 산림치유 기지에서 휴식하며 숙박비, 의료비 등에 의료보험을 적용받는 형태다. 산악형 쿠어오르트의 경우 산림치유 환경을 산림지형요법과 산림기후요법으로 활용하고 있다. 또한 자연 치유 중에서도 연방 보건복지부 산하에 보완 대체 의학으로 등록된 시술의 경우에는 자연 치유를 인정하는 민간 보험에서 보험료 지급도 가능하다.

독일의 산림치유 운영 사례로, 바트뵈리쇼펜을 들 수 있다. 바트뵈리쇼펜은 독일의 동남부 국경 지대에 위치한 작은 도시로, 120여 년 전 신부인 세바스찬 크나이프Sebastian Kneipp가

냉수욕 등을 이용한 자연치료 요법을 선보이면서 독일 최고의 치유 도시로 대두됐다. 전체 인구 1만 5,000여 명, 치유와 숙박 시설 관련 분야 4,000여 명이 종사하고 있다. 23곳의 크나이프요법Kneipp's Therapy 치료 시설, 170여 개의 숙박업소, 공연과 문화 시설을 갖춘 요양 도시다. 소규모 호텔과 펜션은 쿠어하우스(치유사무국)와 연계해 프로그램을 운영하고, 대다수 호텔은 자체 치유 시설과 자연요법 치유사를 확보해 운영하고 있다. 도심 속에 8.4km의 크나이프 숲길과 인근 숲에 250km의 크나이프 산책 코스도 있다. 산책 코스로는 노르딕 워킹Nordic Walking 코스, 침엽수와 활엽수 산책로, 천연 지하수를 이용한 보행 수조, 수치료Hydrotherapy 시설이 있다.

세바스찬 크나이프 신부가 개발한 크나이프요법은 수요법, 운동요법, 식이요법, 약초요법, 균형요법이 중심이다. 1855년 세바스찬 크나이프 신부가 자가 치료로 결핵을 치료한 경험을 살려 자연치료 요법을 전파했다. 현재 산림에 위치한 독일의 64개 양로원에서는 운동과 수치료, 영양에 기초한 총체적인 자연치료 요법인 크나이프요법을 제공하고 있다. 독일의 사회건강보험은 의사의 처방에 따라 4년마다 3주씩의 크나이프요법 적용이 가능하며 매년 수백만의 사람이 크나이프요법이 제공되는 마을을 방문하고 있다. 방문객은 치유 프로그램에 참가하고 숲과 여러 치유 시설이 조성된 쿠어파크Kurpark를 찾아 노르딕워킹 코스를 따라 걷거나 크나이프 시설 등을 체험한다.

그 외에 치유·치료림으로 헤링스도르프를 들 수 있다. 치유·치료림 자연 처방으로 유명한 이곳은 메클렌부르크포어포메른주 남동부 우제돔 내에 위치해 있다. 2016년 11월 유럽 최초로 치유·치료림을 개장했으며 쿠어오르트 내의 산림 공간을 이용 목적과 효과에 따라 휴양림, 치유림, 치료림으로 구분하는 법령 조항을 신설했다. 다양한 난이도의 숲길, 명상 등의 제공을 통해 전반적인 심신 안정, 회복, 증진 효과가 있는 치유림뿐만 아니라 일반인의 건강관리와 병환 환자의 재활도 효과적으로 활용할 수 있는 치료림이 있다. 산림 공간의 숲길에는 10가지의 다양한 운동 설치물을 제공해 신체 활동을 통한 건강 증진을 유도하고 호흡기, 피부, 근골격계, 심혈관, 정신 질환자에게 권장되는 신체 활동과 명상에 도움을 주는 시설이 설치돼 있다. 코스마다 이용 방법과 효과, 난이도 등 정보를 포함하는 시설 안내판이 있어 참조해 진행이 가능하다.

그 외에도 한국산림복지진흥원이 제공하는 스위스, 영국, 노르웨이 등 유럽의 주요 산림치유 현장은 다음과 같다.

스위스 취리히의 숲단련길Vitaparcours은 1968년 예방의학적 관점에서 조성되기 시작했으며 1993년 숲단련길재단이 설립되면서 현재 스위스 전역에 50여 개소가 운영 중이다. 숲단련길 코스별 운동 효과는 표지판에 색깔별로 구분해 나타내며 파란색은 지구력, 노란색은 유연성과 민첩성, 붉은색은 근력을 나타낸다. 숲단련길 애플리케이션을 실행하면 숲단련길의 위치, 코스 현황, 시설 이용 방법 등을 숙지할 수 있다.

영국의 그린짐Green Gym은 참여자의 신체적 건강, 정신적 웰빙 등을 향상시켜주고 지역 환경을 개선시킬 수 있는 활동이다. 그린짐 용어는 1997년 영국 옥스퍼드셔주의 윌리엄 버

드Willam Bird 박사와 BTCVBritish Trust for Conservation volunteers 환경보호
활동을 위한 실질적인 접근성을 주장하는 영국의 비영리단
체에 의해 처음으로 사용됐다. 체육 활동 프로그램을 제공하
고 이용객의 건강 유지와 증진을 목표로 한 산림 공원이다.

노르웨이의 그린캐어Green Care란 건강관리, 직장 교육, 유
아 관리 또는 유아 교육의 목적을 위해 농장에서 제공되는
복지 서비스를 다루는 개념이다. 곡식 및 원예 작물 기르기
와 농장 내 동물과의 접촉 등 다양한 농업 활동을 통해 현대인
에게 신체적, 정신적 건강뿐만 아니라 사회적, 교육적으로 다

양한 혜택을 제공한다. 전국적으로 1,500여 개의 농장이 참여하고 있다.

일본의 산림치유

일본의 산림치유는 비교적 최근에 강조됐다. 일본은 토지 면적의 68.4%가 산림인 국가로, 일본 국민은 전통적으로 산책이나 버섯 따기 같은 레크리에이션 활동을 위해 산림을 이용해왔다. 산림에서 몸을 움직이고 나무에서 나오는 신선한 공기와 물질을 들이마시는 것은 심신의 건강을 증진시키는 것으로 여겨져왔다.

일본의 산림치유는 지역 활성화를 연계한 산림치유 사업을 추진하는 것이다. 정부 주도 연구와 함께 지방자치단체의 관광 사업 아이템으로 자리 잡고 있다. 주요 시설로는 산림테러피기지Forest Therapy Base; FTB와 산림테러피로드Forest Therapy Road; FTR가 있다. 이곳은 우리나라 치유의 숲과 비슷한 공간이다. 2006년부터 일본의 산림치유학회는 산림이 건강한 생활 습관 정립과 심신 이완을 촉진할 수 있음을 검증하고 검증된 산림에 인증을 부여하는 산림테러피기지와 산림테러피로드 인증 프로그램을 운영하고 있다.

산림테러피기지와 산림테러피로드는 건강한 생활 습관을 증진하고 이완을 장려하기 위해 지정된 산림 지역으로, 다양한 치유 프로그램이 제공된다. 산림테러피기지는 일반 보도보다 넓은 산책로와 완만한 경사로 되어 있어 20분 정도 산책할 수 있는 환경을 제공한다. 2021년 기준 일본 전역에는 65개소의 산림테러피기지와 산림테러피로드가 등록돼 운영 중이다. 산림테러피기지란 긴장 완화 효과가 산림 의학 측면에서 전문가에 의해 실증되고 나아가 관련 시설 등의 자연적, 사회적 조건이 일정 수준으로 정비된 지역을 의미한다. 일본은 삼림종합연구소를 주축으로 2004년부터 숲의 건강과 생리적 효과에 대한 연구에 착수했다. 2005년에는 산림테러피 인증제도를 도입하고 2012년에는 산림테러피기지 48개소와 산림테러피로드 5개소를 등록 및 운영했다.

일본의 각 지역은 지역 문화와 장소의 독특한 천연자원과 연계해 일반적인 산책과는 차별화된 치유 프로그램을 제공하고 있다. 중앙정부는 인증 프로그램에 대한 연구 지원을 제공하고, 지방정부는 각 인증 지역을 홍보하고 지원하며, 지역 주민은 산림치유 프로그램·음식·숙박 시설 등을 제공해 이용객이 건강 증진 혜택을 제공받을 수 있도록 한다. 일본의 산림테러피 프로젝트는 산촌 진흥을 꾀하기 위해 시작하여 과거의 산촌 체험과 산촌 관광 등이 건강 증진으로 변하고 있으며 지방정부의 관심이 커지고 있다.

일본의 산림치유지도사는 '산림테러피가이드' 또는 '산림테러피스트'라는 명칭으로 통용되고 있으며 사단법인 산림테러피소사이어티가 교육과 인증을 담당하고 있다. 이는 2000년대 초반에 본격적으로 시작됐다. 아키야마 도모히데秋山智英 산림청장이 1982년 '산림욕Shinrin-yoku'이라는 용어를 만든 이후 산림에서 인간의 건강을 증진하는 관행이 꾸준히

일본의 산림테러피기지

늘고 있다. 2004년부터는 일본 전역에 있는 산림에 대해 나무 냄새, 흐르는 개울물 소리, 산림 풍경 등 산림 환경과 그 개별적 요소에 대한 생리적 영향을 조사해왔으며 산림의 치유적 활용을 통해 혈압, 심박 수, 스트레스 호르몬 수치, 자율신경 활동을 개선할 수 있음을 밝혔다.

다만 이 시설들은 인증 개념의 시설로, 사단법인 산림테러피소사이어티가 인증 사업을 주관하고 있다. 2021년 기준 일본에는 65개소의 산림테러피기지와 산림테러피로드가 인증된 것으로 알려져 있다. 일본 연구자들의 산림치유 효과와 관련된 연구 결과는 여러 가지가 있다. 일본의 산림 환경에서의 걷기와 경관 감상은 혈압과 맥박 수 저하, 스트레스 상태에서 높아지는 교감신경 활동 억제, 안정 상태에서 높아지는 부교감신경 활동 증가, 스트레스 호르몬인 코르티솔 농도 감소를 나타내는 것이 부분적으로 밝혀졌다.

산림치유의 행위, 명칭, 목적, 활용 자원 등은 국가마다 다양하나 요약하면 다음과 같다.

산림치유 관련 외국 사례 비교

구분	스코틀랜드	뉴질랜드	미국	독일	일본	한국
행위 기준	처방 위주		의학 기반 위주		공간 내 활용 위주	
명칭	자연처방 (Nature Prescription)	녹색처방 (Green Prescription)	공원처방 (Park Prescription)	휴양지의학 (Kur-Medizin)	산림테러피 (Forest Therapy)	산림치유 (Forest Healing)
목적	건강 증진, 질병 예방, 질환 치료	건강 증진, 질병 예방, 질환 치료	건강 증진, 질병 예방, 질환 치료	건강 증진, 질병 예방, 질환 치료	건강 증진, 질병 예방	건강 증진, 질병 예방
활용 자원	거주지 주변 자연자원	거주지 주변 자연자원, 환경	거주지 주변 공원, 산책로	의료 치료제를 포함한 자연자원	산림자원 및 전문 시설	산림자원 및 전문 시설
처방 주체	의사	의사, 간호사	의사 (건강관리 전문가)	거주지 의료진 진단 → 휴양지 의료진 처방	의사 (지역)	—
보험 제도	—	—	—	공적·민간 의료보험	—	—
제도적 장치	국가 공인 시설	보건부가 주관해 체계적 활동 지원	지역별 담당 기관과 주변 의료 기관 협업	의료보험제도 (예: 공적의료보험, 치료 100% 및 치료제 90% 지원)	국가 공인 시설	국가 공인 시설
과정 주체	참여 대상자	위탁 기관 (활동 주체: 참여자)	기관별 상이 (주로 참여자)	휴양지 의료인	전문 인력	전문 인력 (산림치유지도사)
결과 보고	참여 대상자	참여 대상자	지역마다 상이 (주로 참여 대상자)	관리 상황 및 결과 거주지 의료인에게 피드백	참여 대상자	참여 대상자

자료: 산림청

5 산림치유의 효과와
앞으로의 과제

○

산림치유의 효과

산림치유의 효과는 여러 가지다. 산림청에서는 산림치유
의 효과로 크게 인지능력 향상, 건강 증진, 정서 안정 3가지
를 들고 있다. 이 3가지 외에도 산림치유 효과는 프로그램
에 따라 다르고 치유 요법이나 사람에 따라 다르다. 산림치
유 효과를 학문적으로 보면 의학적 효과, 신체적 효과, 정서
적 효과로 나눌 수 있다. 치유 요법에 따라 다르며 치유 요업
도 식물요법, 물요법, 식이요법 등 다양하다. 산림치유 효과
는 과학적, 의학적으로 검증을 제대로 하는 것이 중요하다.
최근 산림치유가 주목을 받는 이유도 과학적 근거가 뒷받침

되기 때문이다.

산림치유의 효과로 중요하게 인정되는 의료적 효과는 피로 회복, 근육 이완, 심신 이완, 근력 강화를 주로 들고 있다. 효과 측정 방법에는 여러 가지가 있다. 심장 박동 수, 혈압, 심박 변이도 등의 자율 신경계를 측정하는 방법, 뇌파 등 중추 신경계를 측정하는 방법, 스트레스 호르몬으로 알려진 코르티솔 등 내분비계를 측정하는 방법, 그리고 기분·우울·불안·스트레스·삶의 질·자아존중감 등을 측정하는 심리적 측정 방법 등이 활용되고 있다. 숲 활동이 암 환자의 불안, 우울, 기분 상태 개선에 효과가 있다는 이야기다. 또한 산림 내 활동으로 인해 마음이 편안하고 안정 상태에 있을 때 발생하는 뇌파인 알파파의 발생량이 많아지고 혈압과 맥박 수가 감소한다는 사실이 밝혀졌다. 산림에서의 다양한 경험이 참여자의 불안감과 우울감 감소, 저소득층 아동의 사회성 향상과 우울 및 불안 감소에 긍정적인 영향을 미친다는 결과들도 보고됐다. 최근 산림치유의 효과로 인지능력 향상과 정서 안정 등이 강조되는 상황이다. 의료적 효과에 대해서는 논쟁이 벌어지기도 한다.

산림치유의 효과를 높이기 위해서는 사용하는 프로그램을 다양화해야 한다. 동적인 활동, 정적인 활동, 오감 자극

프로그램 등 여러 가지 프로그램이 있으며 잘 발전시켜 산림
치유의 효과를 높여야 한다.

산림치유의 인프라 확충

산림치유를 받고자 하는 사람이 많아지고 산림치유 사업
에 대한 관심도 높아지고 있다. 산림치유는 큰 틀에서 산림
복지 정책에 속한다. 국민에게 산림 복지 서비스를 제공함으
로써 국민 전체의 복리를 증진하는 활동이다. 제2차 산림복
지 진흥계획(2023~2027년)에서는 산림 복지 정책의 비전을 "숲
과의 동행, 모두가 행복한 산림복지"로 세우고 있다.

산림청이 다양한 산림치유 정책을 추진하고 있으나 보완
해야 할 과제도 많다. 우선 치유의 숲 등 치유 인프라를 확충
하는 것이 중요하다. 국립산림과학원의 산림 복지 유형별 미
래 수요 예측에 따르면 산림 복지 수요는 산림치유와 산림
휴양 분야를 중심으로 지속적으로 증가하고 있다. 우리나라
는 국토의 63%가 산림이다. 산림이 국민의 건강을 지켜주
고 치유 목적을 달성할 수 있다면 어느 장소에서든 산림치유
프로그램을 가동해야 한다. 산림 인프라 확충 외에도 체류형

산림 복지 단지 조성, 도심의 생활권 내 치유의 숲 조성 등의 방안도 있다. 그 외에도 가상공간을 활용하는 방안, 산림 경관과 소리를 즐기면서 치유를 받는 방안, 피톤치드 등 자연의 향기를 체험하는 방안 등 다양한 치유 방안을 강구해야 한다.

연구 개발 강화와 관계 기관 협력

산림치유의 지속적 발전을 위해 연구 개발을 강화해야 한다. 산림치유 연구는 의과학적 효과 검증이 기본이며 예방적 건강관리도 중요하다. 이를 위한 보건복지부, 광역센터, 지역보건소 등과 협력이 필요하다. 산림치유 연구도 치유나 휴양 중심에서 벗어나 향기나 피톤치드 등 산림자원을 이용한 연구로 발전돼야 한다. 산림치유는 치유농업, 해양치유 등 관련 부처와의 협력과 융복합으로 효과를 높여야 한다. 문화체육관광부나 지방자치단체에서 추진하는 웰니스 사업이나 치유관광 사업, 지역 활성화 사업, 각 지역 보건소와 의료 및 방역 인력, 중앙치매센터, 중앙난임·우울증상담센터 등과의 협력과 융복합도 필요하다.

산림치유의 미래 가치는 높이 평가된다. 치유산업 영역 확장과 발전에도 필요하기 때문이다. 국가는 숲을 이용해 출생에서 노년에 이르기까지 생애주기별 산림치유 서비스를 제공해야 한다. 특히 기후변화에 대비하고 탄소 중립을 근본적으로 이룰 수 있는 지속 가능한 숲 교육도 실시해야 한다. 아날로그적 감성을 깨우는 숲의 다양한 환경 요소인 경관, 햇빛, 공기, 음이온, 피톤치드 등을 활용해 인체의 면역력을 높이고 신체적, 정신적 건강을 증진시키는 정책도 필요하다.

산림치유는 도시민이 쉽게 접근하는 것이 중요하다. 서울 수도권에서 가까운 국립춘천숲체원의 이동수 원장을 면담했다. 춘천 숲체원은 강원도 춘천시(신북읍 장본 2길 331)에 소재하고 있다. 그곳은 2015년부터 준비해 2020년 5월 개장했다. 훌륭한 산림치유 및 교육 기관이며 산림 레포츠에 특화된 시설을 갖추고 있다. 모험 숲, 산악자전거 코스, 암벽등반 등 다양한 산림 레저 시설을 갖추고 있다. 제공되는 교육 서비스는 '숲을 그리다', '별이 빛나는 밤에' 등 13종의 산림 교육 프로그램이 있다. 국립춘천숲체원의 이동수 원장은 "산림 휴양지와 숲체원은 고부가가치 자원으로 미래의 청년 일자리로서 유망하다"라고 강조한다. 고령화와 지방 소멸에 대비하고 지속 가능한 비즈니스를 발굴하기 위해 산림치유는 도시민에게도 중요하다는 말이다.

산림치유의 비전은 산림청 혼자만의 노력으로 달성하기 어렵다. 관계 부처와 실질적 협력으로 성과를 높일 수 있다. 산림청 산림휴양치유과 장영신 과장은 "산림치유는 여러 부처와 협력이 필요하다. 치유농업과 해양치유 등을 농촌진흥청과 해양수산부에서 추진하고 있다. 문화체육관광부나 지방자치단체에서 추진하는 웰니스 사업이나 치유관광 사업, 지역 활성화 사업 등과의 연계도 필요하다. 특히 국민의 건강 증진을 위해서는 보건복지부와 국민건강보험공단 등과의 협력은 필수적이다. 이들과의 협력과 연계로 산림치유가 시너지 효과를 내도록 해야 한다"라고 강조한다.

산림치유는 국민의 많은 사랑을 받고 있다. 의료, 정서, 산업 부문의 융복합과 협력이 중요한 미래의 전망 있는 산업이다. 심상택 산림청 산림복지국장은 "산림치유는 현재 많은 사람이 애용할 뿐만 아니라 치유 효과가 과학적으로 입증됐다. 관계 부처가 적극적으로 협력해 산림치유를 잘 발전시켜야 한다"라고 강조한다. 산림은 숲과 사람을 이어주는 최적의 공간이다. 산림치유를 미래의 고부가가치 산업으로 인식하고 크게 발전시켜야 한다.

6장

바다에서
일상을 찾는
해양치유

1 해양치유란?

최근 해양치유가 중요하게 대두되고 있다. 해양에서 신체나 정서의 치유를 위한 목적만이 아니다. 해양자원이 풍부한 지역은 해양 관광 지역으로 크게 발전한다. 해양치유란 바다의 해양자원을 이용해 몸과 마음을 치유하는 활동이며 영어로는 '딸라소테러피Thalassotherapy'라고 한다. 그리스어로 '바다'를 뜻하는 '딸라소Thalasso'와 '치료'를 뜻하는 '테러피Therapy'가 합쳐진 용어다. 해양 환경 등 바다에 존재하는 다양한 치유자원이 중요한 요소며 이를 이용해 신체적, 정신적 질병을 예방하고 치료하는 활동을 말한다. 해양치유는 이미 선진국에서는 오래전부터 그 중요성을 인식하고 발전시켰으나 우리나라에서는 비교적 최근에 중요성이 인정되는 상황이다.

최근 해양치유는 관광산업과 연계돼 발전하고 있다. 프랑스 등 선진국의 해양치유 지역이 유명한 관광지로 등장했다. 해양치유라는 의학적 치유 목적 이외에 관광 목적이 커지고 있기 때문이다. 화장품 등 다양한 치유 상품 판매도 늘어나 지역 경제에도 기여하고 있다. 해양치유는 다양한 형태로 이뤄지고 치유 프로그램도 여러 가지다. 2023년 11월 전라남도 완도군에 완도해양치유센터가 국내에서 처음으로 개장했다. 해양치유를 통한 건강 증진은 물론이고 관광 사업으로 발전할 것을 전망하기에 많은 효과가 기대된다. 해양치유는 해양 자원을 기반으로 하는 치유산업이나 향후 의료, 관광, 바이오산업과 융합되고 발전해 고부가가치 산업으로 발전돼야 한다.

그렇다면 해양치유를 하는 목적은 무엇일까? 사람에 따라 다를 것이나 일반적으로 해양치유의 목적은 건강 증진이다. 해양을 접하지 않은 많은 내륙인에게 해양을 통해 건강을 증진시키는 것이 첫 번째 목적이다. 건강 증진 외에도 휴양이나 정서적 안정, 시간 보내기 등 다른 목적도 많을 것이다. 해양치유의 관광 목적과 휴식적 목적도 늘어나고 있다. 해양치유는 바다를 중심으로 이뤄지므로 바다가 기본적으로 중요하다. 해양 관광으로 활용되는 경우도 많기에 해양 주변이나 지역 수산물도 중요한 자원으로 인식된다.

해양치유의 건강 증진 효과는 여러 가지가 있다. 근골격계 강화, 체질 개선, 노화 방지, 면역력 향상 등 다양한 효과가 있다. 해양치유의 효과에 대해 해양수산부 권영규 과장은 "지금까지 해양치유는 근골격계 강화, 면역력 강화, 피부 질환 개선, 스트레스 감소 등의 효과가 있는 것으로 검증됐다"라고 한다. 신체적 효과 외에 다른 효과도 많다. 해양치유의 효과에 대해 고려대학교 김인현 교수는 "선박에서는 일찍이 해수로 목욕을 하면 피로가 쉽게 없어지는 효용이 있고 나직하게 반복되는 파도 소리는 심리적 안정을 준다"라고 한다. 신체적 효과 외에 심리적 효과도 있음을 잘 설명해준다.

외국의 경우도 해양치유의 신체적 효과, 정신적 건강 증진 효과, 치유 관광 증대 등의 효과를 중요시한다. 프랑스의 경우 해양치유지 방문자들을 보면 80%가 휴양 목적이고 20% 정도가 치유 등 특별한 목적으로 방문한다고 한다. 해양치유가 몸의 건강을 치유하는 것을 넘어 치유관광 증대, 지역 경제 발전, 나아가 국가 경제 발전에도 도움이 된다는 것이다.

해양치유의 핵심 요소는 해양치유 자원이다. 해양치유 자원은 해양 기후, 해사, 해수, 해양 광물 등 여러 가지가 있지만 지금까지 해양치유 자원은 주로 해양 기후, 해사, 해수를 중요한 자원으로 인식했다. 그간 해수를 해양치유에 주로 사용했으며 해수 외에도 모래, 갯벌, 소금, 맥반석 등 해양 광물자원을 이용하기도 하고 해조류, 전복 등 해양 수산물을 이용하는 것도 있다. 향후 해양치유 연구를 강화하고 기술을 발전시켜 새로운 해양치유 자원을 찾아내야 한다.

2 한국의 해양치유 여건과
주요 정책

한국의 해양 여건

우리나라는 3면이 바다로 둘러싸여 해양치유에 좋은 여건을 갖추고 있다. 동해, 서해, 남해와 제주 해역은 생물종이 다양하고 생태 환경 변화도 다르다. 사계절 기후변화도 해양치유에 큰 영향을 미친다. 그러나 해양치유 자원의 관점에서 바다를 제대로 인식하지 못하고 있다. 중앙정부는 물론이고 지방자치단체에서도 해양 수산물의 채취나 양식, 원양어업 발전에는 역점을 됐으나 해양치유의 중요성과 미래 가능성을 잘 인식하지 못했다. 3면이 바다인 우리나라에서 해양치유가 가지는 의과학적 가치와 관광 역할, 그리고 산업적 위상은 매우 높다.

우리나라 해양치유 여건에 대해 한국해양과학기술원KIOST
의 김충곤 박사는 "우리나라 해양자원은 사계절 변화가 있고
난류와 한류의 차이로 인한 환경 차이로 다양성이 있다. 세
계에서 가장 높은 단위면적당 생물종 다양성 지수(종수)를 가
지고 있다"라면서 해양치유 자원을 심층수 등 103종으로 제
시한다. 그는 2023년 11월 10일 제주도 국제컨벤션센터에서
개최된 '2023 제주 국제치유산업박람회'에서 해양치유 자원
의 중요성을 강조했다. 103종의 내역은 심층수와 표층수 등
해수가 19종, 머드·천일염·바다황토 등 해양 광물이 13종,
해초류 24종, 염생식물 18종, 해양 동물 18종, 해초 4종, 해
양 미세 조류 3종, 해양 미생물 기타가 4종이다.

우리나라 해양치유의 좋은 여건은 해양치유 효과를 여러
측면에서 높일 수 있다. 선장이자 고려대학교 김인현 교수는
특별히 동해안은 깊은 숲의 산림치유와 바다가 가져올 해양
치유 효과가 서로 보완돼 매우 유익하다고 한다. 우리나라의
해양치유 여건에 대해 해양수산부 권영규 과장은 "우리나라
는 3면이 바다로 둘러싸여 넓은 갯벌과 다양한 해조류 등 해
양자원을 풍부하게 지니고 있는 환경적 강점이 있다. 이러한
강점은 치유 분야에 활용이 되는 바, 국민의 평균수명이 길

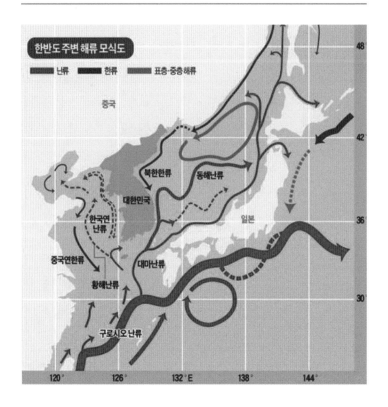

어지고 아토피나 천식, 만성 스트레스질환이 증가하고 있는
상황에서 해양치유가 큰 역할을 할 것으로 기대한다"라고 강
조한다.

동해의 해양치유 장점에 대해 김충곤 박사는 깊고 청정한

바다로서 어류나 수산물이 풍부하고 치유 여건이 우수함을 강조한다. 동해는 작은 대양이라고 불릴 정도로 대양이 갖는 특징을 많이 갖고 있다. 평균수심 1,500m 깊이의 청정하고 맑은 바닷물을 보유하고 있다. 깊은 수심에는 수많은 종류의 동식물 플랑크톤과 많은 물고기가 있다. 대한해협을 따라 남쪽으로부터 흘러 들어오는 대마 난류와 북한 연안을 따라 내려오는 차가운 북한 한류가 만난다. 그 결과 동해 중부 해역에는 대양의 회유성 어류를 포함해 수많은 종류의 물고기가 서식하며 수산물도 풍부하다. 고래까지 몰려와 풍부한 어장을 형성하는 동해안은 우리나라 어장의 보고다. 태백산맥 줄기를 따라 형성된 금강송 군락지와 깊은 계곡, 좋은 온천, 깨끗한 백사장도 있다. 동해는 해양치유 여건이 매우 좋으므로 해양치유산업을 적극적으로 발전시켜야 한다.

해양치유의 주요 정책

① 해양치유 시설 건설

해양치유는 해양수산부가 주무 부처이나 해양을 접하고

있는 지방자치단체의 인식과 대책도 중요하다. 해양수산부는 해양치유의 중요성을 인식해 거점 기지를 건설하고 해양치유 연구 개발을 강화하는 데 정책의 중점을 뒀다. 해양치유의 중요성을 제대로 인식하고 본격적으로 해양치유를 추진한 역사는 오래되지 않았다. 해양치유는 치유를 넘어 휴양, 오락, 관광지 역할도 증대되는 현실이다. 해양치유의 효과도 다양화되고 있다. 국민은 물론 해외관광객에게도 매우 유용하다는 평가를 받는다.

해양수산부는 해양치유를 적극적으로 추진할 법적 근거를 갖추고 다양한 대책을 추진 중이다. 2020년 2월 〈해양치유자원의 관리 및 활용에 관한 법률〉을 제정했다. 이를 토대로 2021년 7월부터 해양치유관리단을 운영하고 해양치유 시설을 확충하며 해양치유 자원의 연구 개발을 강화하는 등 다양한 정책을 추진하고 있다.

해양치유 시설을 건설해 해양치유 서비스를 제공하는 것이 우선적으로 중요하다. 전남 완도, 충남 태안, 경북 울진, 경남 고성이 선정돼 추진 중이며 제주도가 2023년에 추가로 지정됐다. 전라남도 완도군이 지난 2023년 11월에 가장 먼저 완도해양치유센터를 개장했다.

② 해양치유 연구 강화

해양치유는 시설 확충도 중요하지만 해양치유에 대한 연구 개발 역시 매우 중요하다. 해양치유의 효과가 있는지, 해양치유의 효과는 어떠하며 의학적 효과는 입증되는지에 대한 관심이 많다. 해양치유 연구는 다양하게 추진돼야 한다. 해양자원, 해양치유 효과, 해양치유의 발전 등 해양치유 전반에 걸친 연구가 필요하다. 현재 중점적으로 연구하는 해양치유 연구는 치유자원이다. 해양 기후, 경관, 해수, 염지하수, 바다모래, 피트(퇴적물), 머드, 소금, 해조류 등 해양치유자원을 중심으로 다양한 연구가 이뤄지고 있으나 연구의 영역과 범위를 확대해야 한다. 해양치유 서비스, 해양치유의 산업화 등 광범위한 분야에서 해양치유 연구가 이뤄져야 한다.

해양치유의 효과에 대해 의학적, 과학적 검증에 이용자들의 관심이 많다. 인체나 건강에 미치는 효과 분석에는 오랜 시간이 걸리고 쟁점도 많다. 해양치유는 산업화 가능성도 높다. 향후 산업화 연구와 서비스 분야 연구도 강화해야 한다. 아울러 서비스 유형도 다양화해 민간 참여를 높여야 한다. 스포츠 재활형, 레저 복합형, 중장기 치료형 등 다양한 해양치유 서비스를 발전시키는 것이 필요하다.

3 외국의 해양치유

-
-
- ○
-

　외국의 해양치유는 국가마다 시설이나 운영 형태가 다양하고 프로그램도 여러 가지다. 해양치유의 기원은 일찍이 고대 그리스부터 시작했다. 바닷물을 처음 치료에 사용한 것은 기원전 484년 헤로도토스Herodotos가 "태양과 바다에 대한 치료법은 대부분의 병을 치료하는 데 없어서는 안 되며, 특히 여성병에는 효과적이다"라고 했다. 기원전 420년 서양의학의 선구자 히포크라테스Hippocrates는 "가려움과 통증을 동반한 피부병에 따뜻하게 데운 해수로 목욕을 하면 치료된다"라고 했다. 철학자 아리스토텔레스Aristoteles 역시 많은 사람에게 해수를 데운 후 사용하면 건강과 질병 치료에 매우 좋다고 하여 해수 입욕의 장점을 설파했다. 로마제국에서는 전투에서 부

상당한 병사들을 치료하기 위해 뜨겁게 데운 해수 목욕을 활용했다고 전해진다.

이후 해수요법은 프랑스, 이탈리아, 영국 등 유럽 전역에 유행하기 시작했다. 16세기에는 이미 해수 입욕 효과가 널리 알려져 소염 작용, 보습 작용 등의 효과를 활용하기 시작했다. 17세기 영국에서는 해수 치료가 광견병, 폐질환 치료에 활용됐다. 1800년 프랑스 최북단에 위치한 불로뉴쉬르메르라는 지역에서 해수를 사용한 류머티즘과 우울증 치료센터가 문을 열었고, 19세기 초에 접어들면서 본격적인 해양치유의 과학적인 연구가 시작됐다.

독일의 해양치유

독일은 해양치유와 산림치유를 포함한 자연자원을 활용한 대체 의학 분야가 가장 잘 발달한 국가다. 전국에 약 350개의 휴양치유 단지인 쿠어오르트를 두고 있으며 이 분야의 전체 시장 규모는 약 45조 원에 이른다. 독일 해양치유 시설은 대부분 북해와 발트해 연안의 해변 휴양지에 위치하고 있다. 독일에서 휴양치유 단지로 인증받기 위해서는 여유로운 공간과 소음이 없는 쾌적한 건축물, 잘 보존된 자연환경, 예방·치료·재활 목적에 맞는 자연 친화적인 여가 시설, 운동 치료와 건강 활동이 가능한 시설과 문화 공간, 규정에 맞게 관리된 식수와 하수, 하나 이상의 자연 치유자원 보유 등이다. 독일에서 많이 사용하고 있는 해양치유 자원으로는 해수, 머드, 모아, 해조류, 해양 기후 등이다. 독일 최초의 해양치유 단지는 18세기 말 프리드리히 프란츠 1세Friedrich Franz I가 독일 동북쪽 해안에 위치한 로스토크 인근의 하일리겐담에 설립한 메클렌부르크포어포메른주 해양치유 단지다.

북해 연안의 노르더나이 섬은 200년 전부터 사람이 많이 찾는 휴양지로 유명하다. 2015년 유럽 최고의 대중목욕탕상Best Public Bath을 수상한 바데하우스Bade Haus는 독일에서 가장 오래된 해양치유센터로, 수준 높은 해양치유 요법을 볼 수 있다. 대형 리조트 시설과 더불어 해수풀과 200개 이상의 개별 욕조를 갖추고 딸라소테라피, 사우나, 마사지, 랩핑 등 다양한 프로그램을 제공함으로써 스트레스 해소, 통증 완화, 불면증 해소, 신진대사 촉진, 골관절염과 피부 개선 등에 도움을 준다.

북해 연안을 따라 북쪽으로 더 올라가면 세인트피터오딩이라는 휴양도시가 있는데, 이곳에 위치한 60년 전통의 해

양치유센터인 뒤넨테르메온탕Dunen Therme Thermal Baths은 최근에
리모델링한 150개 룸의 고급 호텔과 해수풀, 머드팩, 냉온수
마찰 등 20여 가지의 개별 치유 시설을 갖추고 있다. 해양치
유센터 인근에는 5개의 피부과와 이비인후과 등 개인 병원이
입주해 있어 각 환자에게 맞는 해양치유 프로그램 처방을 해
준다. 또한 이곳 주변에서 사구와 소나무 숲, 해당화 숲, 그
리고 12km에 달하는 해변을 따라 걸을 수 있는데 깨끗한 공
기와 더불어 해변 걷기는 호흡기와 피부 질환자에게 매우 좋
은 기후치유가 되기도 한다. 치유센터에서 바다까지 2km에

달하는 나무로 만든 데크 길은 연인과 가족의 나들이 코스로
도 아주 좋다. 그밖에도 석양을 바라보며 즐기는 해수 온천
풀과 남녀 공용 사우나, 비치 의자는 이곳의 인기 명물이기
도 하다.

독일 뮌헨 지역의 휴양도시인 바트뵈리쇼펜에는 도시 전
체가 휴양업에 종사하는 인구 1만 5,000명 규모의 작은 지역
이지만 수치료 분야의 선구자 세바스찬 크나이프의 고장으
로 유명하다. 크나이프의 고장답게 그의 동상과 박물관, 크
나이프 아카데미, 치유 공원, 대형 수치료 테마파크 시설 등
도시가 온통 치유 시설로 가득하다. 150여 개의 치유 호텔에

는 각각 수치료 시설을 갖추고 있고 숙박객에게 무료로 사용할 수 있도록 하고 있다. 거리에는 전국에서 찾아오는 은퇴한 노인들과 휴양객으로 항상 붐빈다.

독일은 휴양치유 단지에 대해 국가가 인증하고 이곳에서 휴양 치료를 받을 경우 의료보험을 적용받을 수 있다. 예방의 경우 3년마다 최대 3주간의 치료비 90%와 1일 16유로의 보조금을 지급받을 수 있고, 재활 치료의 경우 4년마다 3주간 1일 10유로 자부담 외에는 보험으로 처리할 수 있다.

쿠어오르트라는 휴양치유 단지는 전국에 약 350개소가 있다. 쿠어오르트에서 지출되는 직접 비용만 연간 400억 달러가 넘는 것으로 파악되며 고용 인력은 약 45만 명에 이른다. 독일에는 약 32개의 해양치유 전용 시설이 운영되고 있으며 의사의 처방이 있으면 사회보험도 지원된다.

독일의 해양치유는 하나의 산업이자 건강 요법으로 자리 잡고 있으며 치료와 휴양이 병행되는 형태의 해양치유산업을 추진하고 있다. 또한 해양치유 시설을 이용하는 사람의 목적도 질병 예방, 치료, 재활 목적이 많다. 최근에는 중장기간 체류하면서 휴양, 관광, 문화 체험 등을 하는 사람도 많다. 의료 목적으로 방문하는 사람들의 유형을 보면 만성 호흡기, 순환기, 근골격계, 피부, 정신 건강, 소아 청소년, 암,

뇌 질환 순으로 다양하다.

프랑스의 해양치유

　프랑스에는 전국에 약 52개소 해양치유센터가 운영되고 있다. 프랑스의 해양치유는 약물과 운동 치료를 주요 목적으로 하는 형태도 있고, 스파 등 휴양 시설을 병행 활용하는 형태도 있다.

　프랑스에서 본격적으로 해양치유가 시작된 것은 19세기 중반부터다. 이 시기 프랑스 북부의 루크쉬르메르라는 곳에서 처음으로 해양 시설이 문을 열었으며, 프랑스 도버해협 부근의 휴양도시인 베르크쉬르메르에 최초로 임해병원이 설립됐다. 이후 대서양 연안을 중심으로 여러 병원과 시설들이 만들어졌다. 19세기 중반에서 후반에 걸쳐 대서양뿐만 아니라 도버해협, 지중해 연안에서도 해수의 효과에 대한 열광적인 지지가 있었다. M. 드레퓌스M. Dreyfus가 칸에 소아결핵 요양을 위한 해양 시설을 만들었으며, 1876년 프랑스 보르도 지역의 아르카숑에서 의사인 조셉 드 라 보나르디에르 Joseph de La Bonnardière 박사가 해수가 인체의 체내 시스템을 재생

시켜주고 질병을 막을 수 있다는 연구 끝에 따뜻한 해수를 사용하는 요법을 '딸라소테러피Thalassotherapy' 라고 이름 지었다. 결정적으로 1897년 프랑스 생리의학자인 르네 조셉 퀸튼René Joseph Quinton(오른쪽 사진)에 의해 해수의 의학적  인 실험이 입증된 이래, 바다가 주는 치유 능력이 급속하게 받아들여지게 되어 해양치유산업이 전 유럽으로 확산되기에 이르렀다.

르네 퀸튼의 연구 결과에 흥미를 느낀 의사 루이스 유진 바고Louis-Eugene Bagot는 세계 최초로 해수요법센터인 마린연구소Institut Marin를 샤넬해협의 로스코프에 개설했다.

이곳은 오늘날의 딸라소테러피센터의 기초를 이룬 곳이며 이후 유럽 각지로 퍼져나갔다. 현재 이곳 딸라소테러피 로스코프는 일반인이 즐길 수 있는 필수 건강 코스, 뷰티와 휴식을 위한 치유 프로그램, 다이어트 웰빙 코스, 의사와 함께하는 류머티즘 통증 프로그램 등을 실시하고 있다.

　　대서양의 아키텐 해안에 자리잡은 콤플렉스 아틀란탈 Complexe Atlanthal은 해수를 이용한 건강과 예방, 미용과 노화 방지, 다이어트, 스포츠, 임산부와 청소년을 위한 프로그램 등으로 유명하다. 도버해협의 오랜 휴양도시 생말로에 설립된 건강센터인 테르메스마린Thermes Marins de St. Malo은 1963년에 설립돼 지금까지 운영되고 있는 프랑스 딸라소테러피센터의 진수를 보여주는 곳이다. 6개의 해수풀, 100여 개의 개인 치유 욕실, 50여 종류의 해양치유 프로그램이 가동되고 있으며 연간 3만여 명이 방문한다. 치유 프로그램 외에도 보트, 골프, 관광, 문화 프로그램 등 다양한 프로그램과 체험을 통해

힐링과 휴식을 제공하고 있다.

프랑스의 해양치유는 초기에는 의사 처방이 필요할 정도로 건강 측면을 중시했다. 건강 리조트의 건강 요법 일부를 건강보험에 포함해 국가가 비용을 지원하기도 한다. 프랑스 해양치유 시설이 있는 랑그도크루시용 해안에는 연간 약 625만 명이 방문한다. 치유 목적 외에도 관광이나 휴양 목적의 이용객이 많다.

이스라엘의 해양치유

이스라엘은 사해를 이용한 의료관광이 인기를 끌고 있다. 사해는 해수의 5배에 달할 정도로 염도가 높아 생물이 살지 못하므로 질병 치료와 미용 등 건강 증진을 위한 휴양 단지로 많이 사용된다.

이스라엘 사해는 지구상에서 가장 혹독한 해양 기후 환경을 지니고 있다. 사해 수면의 표고가 해수면보다 훨씬 낮아 공기 밀도와 산소 포화도가 높다. 여기에 해수의 염분 농도는 일반 해수의 5~10배에 달해 물고기가 살지 못하고 사람이 들어가면 높은 염분 농도로 인해 몸이 물 위로 뜬다. 이러한 사해의 높은 염분으로 인해 사해의 머드와 해수는 미네랄 함량이 매우 높고 공기 중에도 많은 미네랄이 포함돼 있다. 사해의 머드와 해수는 의료 효과가 높다는 평가를 받고 있다. 건선 피부질환, 류마티즘 관절염, 근골격계질환에 탁월한 효과가 있다고 알려져 있다. 사해 브랜드의 소금, 머드 등은 수출도 이뤄진다.

일본의 해양치유

일본의 해양치유도 상당히 발달돼 있다. 해양 심층수를 이용한 딸라소테러피가 널리 알려져 있고 전국 20여 개소에 설립돼 있다. 일본의 해양치유는 건강 측면을 중시한다. 심층수의 청정한 해수를 사용해 해독 정화 작용이나 신진대사를 촉진하는 치유를 추진한다. 일본의 해양치유도 어깨 결림, 통증, 편두통, 불면증, 냉증, 체질 개선, 아토피 등에 효과가 있다고 알려져 있으나 의학적 효과를 크게 강조하지는 않고 있다. 해양치유 프로그램으로 해수풀 운동, 해니팩, 어퓨전샤워, 보디팩 코스 등이 있다.

4 전라남도 완도군의
완도해양치유센터

2023년 11월 24일 전남 완도에 완도해양치유센터가 개장했다. 완도군의 해양치유 사업은 2017년부터 시작해 2030년까지 추진되는 총 사업비 1조 원 규모의 사업이다. 이번에 개장한 완도해양치유센터는 총 320억 원의 사업비를 투입했으며 지하 1층, 지상 2층 7,740㎡ 규모의 시설을 갖추고 있다. 완도군의 해양치유 시설은 다양하다. 해양치유센터, 해양기후치유센터, 해양문화치유센터, 해양치유공원, 공공해양치유전문병원 등이 있다. 완도해양치유센터에서는 16개 종류의 다양한 치유 프로그램이 운영되고 있으며 명상풀, 테러피실, 퀴진, 진단실, 스팀샤워실 등에서 운영된다.

완도는 지리적으로 전라남도 최끝단에 위치해 인구 약 4만 8,000명의 소도시다. 265개의 섬을 가지고 있으며 농산물, 수산물, 축산물 등 농식품 자원이 풍부하다. 갯벌과 명사십리 등 관광자원도 우수하며 장보고 수산물축제, 청산도 슬로시티 등 특색 있는 관광자원도 있다. 완도해양치유센터에서 내다보는 바다 풍경이 일품이다. 시원한 바닷바람, 다양한 치유 시설이 전국 어디에서도 보지 못하는 특별한 볼거리다.

완도해양치유센터는 우리나라에서 처음으로 개장했다. 훌륭한 시설을 갖추고 있고 다양한 프로그램도 있다. 개장 후 얼마 되지 않은 2024년 1월 완도 해양치유의 미래를 내다보는 국제 세미나를 개최했다. 참석한 일본 등의 해외 치유 전문가들도 완도 해양치유의 전망을 매우 밝게 내다봤다. 해양치유는 '치유'에 머물지 말고 관광이나 오락, 음식 등 타 분야와 융복합해야 한다고 강조한다. 해양치유의 목적이 다목적으로 변해감을 알 수 있다. "건강의 섬, 치유의 섬"을 기치로 내세운 완도해양치유센터에 대한 기대가 크다.

완도의 미래는 해양치유센터의 발전을 넘어선다. '치유와 관광의 메카'를 넘어 세계적 관광 도시로 변화해야 한다. 웰니스관광은 세계적 트렌드며 국내에서도 각광받고 있다. 완도는 해양치유센터 건설을 계기로 치유관광산업을 발전시켜야 한다. 치유관광, 치유음식, 치유농업을 연계 발전시켜 한국 관광의 새로운 거점으로 자리 잡아야 한다. 또한 치유 전문가 양성, 우수 프로그램 개발, 선진국 치유 프로그램 벤치마킹 등 다양한 노력이 필요하다.

해양치유 호텔, 해양 레저 리조트, 해양치유 레지던스 등도 갖춰야 하며 해양치유센터 주변의 걷기 코스도 확충해야 한다. 2026년 완공 예정인 광주-완도 간 고속도로도 조기에 완공하는 일도 필요하다. 안환옥 완도군 해양치유담당관은 "완도의 해양치유센터는 치유센터 기능을 넘어 지역의 관광산업과 전국 경제 발전에도 큰 역할을 할 것이다"라고 강조

한다. 공익성과 수익성 등 여러 가지 측면을 고려한 구체적
운영 방안을 잘 마련해야 할 것이다.

5 해양치유의 효과와 앞으로의 전망

해양치유의 효과

해양치유의 효과는 다양하다. 신체와 건강에 미치는 효과가 우선적으로 중시됐으나 최근에는 정신적, 정서적 효과도 강조된다. 해양치유를 통한 의학적 효과는 검증에 다소 어려움이 있으나 여러 분야에서 나타나고 있다. 의료적 검증을 토대로 해양치유 효과를 널리 확산시키고 꾸준히 발전시켜야 한다. 해양치유는 지역 관광이나 지역 경제에 큰 효과를 낸다. 새로운 해양치유 프로그램도 많아지고 있다. 노르딕 워킹, 비치 바스켓, 해변 요가, 산책 등의 프로그램이 인기를 끌고 있다.

한국해양과학기술원의 김충곤 박사는 해양치유의 신체 건강 효과를 강조한다. 그는 "지구상의 모든 생물은 바다에서 탄생했으며 바닷물에는 미네랄 성분 등 특수한 성분이 있다. 해양에는 지구상에 존재하는 120종의 원소 중 70종 이상이 녹아 있다. 여러 종류의 미네랄이 체액이나 혈액에 녹아 생명을 유지하는 중요한 역할을 하며 바다는 생명의 어머니다"라고 강조한다.

해양치유의 효과는 치유 방법에 따라 다를 것이다. 해양기후요법, 해수요법, 해양생물요법, 해양광물요법 등 치유 방법에 따라 효과가 달리 나타난다. 해양기후요법은 호흡기질환, 면역, 피부질환, 관절염 등에 효과가 있는 것으로 알려져 있다. 해수요법은 직접 해수를 흡입하거나 수중 운동, 해수 입욕 등을 통해 호흡기질환이나 관절염 치료, 재활 등을 하는 것이다. 해양생물요법은 해양생물의 섭취, 입욕, 도포, 팩, 바이오 소재 등을 통해 피부질환, 항염증, 비만 등을 치유하는 것이다. 해양광물요법은 해양 광물의 도포, 입욕 등을 통해 피부질환을 방지하거나 관절염, 재활 등에 효과가 있다.

해양치유의 효과에 대해 고려대학교 김인현 교수는 육체적 효과도 중요하며 정신적, 심리적 효과도 강조한다. 해수로 목욕을 하면 피로가 쉽게 없어지는 육체적 효과가 중요하다. 나직한 파도 소리로 심리적 안정을 기한다는 김인현 교수의 인식이 놀랍다. 동해안의 해양치유가 산림치유와 융복합해 새로운 효과를 낸다고 한다. 전라남도 완도의 해양치유는 지역 경제 발전과 한국 관광산업의 전환을 가져올 수 있다. 해양치유 서비스는 도시민을 해양 어촌으로 유인하는 등 지방 쇠퇴 시대에 새로운 대안으로 여겨진다.

해양치유는 특별히 운동선수나 체육인의 경기력 향상에도 도움을 준다. 질병을 가진 환자의 재활 치료나 수술 회복기 환자에게 유용한 것이 해양치유다. 해양치유 이용 대상자는 환자나 특정인이 아닌 일반 국민이다. 전 국민의 체력 향상과 건강 증진을 가져오는 중요한 산업이다. 해양치유산업을 국민의 건강을 증진하고 관광산업과 경제를 발전시키는 중요한 산업이라는 인식을 가져야 한다.

해양치유산업의 앞으로의 전망

전 세계 해양수산업 규모는 엄청나다. 해양수산업의 범위와 영역은 해마다 확대되고 있다. 해양수산 신산업의 시장 규모는 2022년 2,370억 달러였고 2030년에는 4,749억 달러 규모로 전망한다. 이 기간 동안 해양수산산업은 약 2.9배, 연평균 성장률은 8.5%일 것으로 전망된다. 이것은 해양수산 신산업 규모다. 해양수산업은 해양치유산업뿐만 아니라 조력발전과 해상풍력발전 등의 해양 에너지 개발, 해수 담수화 등의 해양자원 개발, 해양 건강과 안전, 해양 로봇, 수중 통신, 해양 수산 식품 등 영역이 넓고 종류가 다양하다.

해양치유산업의 전망은 매우 밝다. 질병 예방이나 건강 증진 관점의 해양치유산업은 가시적 효과를 나타낸다. 질병 예방 효과로 인한 의료비 절감은 의료보험 재정에도 실질적인 도움이 된다. 최근 해양치유산업은 치유를 넘어 휴양 관광산업으로 발전하고 있다. 해양치유가 휴양과 관광으로 확대되는 현실을 감안해 미래의 유망한 산업으로 발전시켜야 한다.

해양치유산업의 미래 전망에 대해 해양수산부 해양레저관광과 권영규 과장은 해양치유의 성장 가능성을 매우 높게 보고 있다. 그는 "해양치유는 아직 우리 국민에게 많이 알려지지는 못하고 있지만 웰빙과 치유를 중시하는 트렌드에 따라 해양치유에 대해 점차 이해가 확산되고 있다. 실제로 프랑스와 독일에서는 의사 처방을 통해 사회보험이 적용되고 있다. 해양수산부가 그간 진행해온 연구 개발을 통해서도 그 효과를 다시 검증하고 확인한 바 있다. 또한 과학적 검증과 함께 아토피와 스트레스 등 환경적 질병의 증가, 고령화, 웰빙과 건강 등 사회적 트렌드 변화를 고려할 때 동일한 산업의 잠재력이 매우 높다. 또한 해양치유 서비스에서 더 나아가 해양자원을 활용한 다양한 미용, 건강 관련 해양치유 제품 산업도 앞으로 성장 가능성이 높다. 해양수산부는 해양치유산업 활성화를 위해 노력할 것이며 산림치유 등 관련 부처의 적극적인 협력를 기대한다"라고 말한다.

향후 해양치유산업은 해양뿐만 아니라 관광, 식품, 농업, 음식 등 다른 치유산업과 융복합해 새로운 미래 산업으로 자리 잡아야 한다. 해양치유산업을 발전시켜 대한민국의 미래를 새롭게 구축하자.

● 완도군, '완도형 치유산업 확산을 위한 국제 세미나' 자료, 2024년.

● 이수원, '치유관광(웰니스)정책 추진상황' 자료, 2024년.

● 정문섭, '대만의 치유농업' 자료, 2024년.

● 경상북도농업기술원, '경북 치유농업 산업화 및 활성화 심포지엄' 자료, 2023년.

● 농촌진흥청, '우수 치유농업시설 인증기준 마련을 위한 의견수렴회' 자료, 2023년.

● 농촌진흥청, '치유음식 전문가 토론회' 자료, 2023년.

● 이형석, '지방 소멸방지와 지역경제 활성화 방안' 자료, 2023년.

● 제주특별자치도, '2023 제주 국제치유산업박람회' 자료, 2023년.

● 김재수·김정현, '지역사회소멸 방지를 위한 농촌 치유관광 활성화 방안' 자료, 2022년.

● 김정현·김재수, 〈치유관광의 대두와 농촌 치유관광 발전 방안〉, 2022년.

● 농촌진흥청 국립농업과학원, '2020 농촌관광 실태조사' 자료, 2022년.

● 농촌진흥청, 치유농업 교육 교재, 2021·2022년.

● 동국대학교 산학협력단, '치유농업 제도분석을 통한 치유농업법 개정안' 자료, 2022년.

● 서울사이버대학교, '알기 쉬운 산림치유–산림치유에 관한 이해' 유튜브 자료, 2022년.

● 정산설, 〈여행 단계별 생리·심리적 행복감의 변화분석〉, 2022년.

● '치유농업추진상황과 향후과제' 간담회 자료, 2022년.

● 대구가톨릭대학교, 치유농업사 양성 교재, 2021년.

● 대구가톨릭대학교, 치유농업전문가 과정 교재, 2021년.

● 문화체육관광부, 〈Global Wellness Institute〉, 2021년.

● 보건복지부, '2021년 코로나19 국민 정신건강 실태조사 분기별 결과 발표' 자료, 2021년.

● 조예원, 〈또 하나의 농업 치유농업, 그 좌표〉, 2021년.

● 통계청, '2021년 사회조사 결과' 자료, 2021년.

● 환경보건시민센터, '지구의 날 환경문제 여론조사' 자료, 2021년.

● 한국산림복지진흥원, '치유음식 개발과 현장 적용연구' 자료, 2020년.

- 이윤정, 〈네덜란드의 사회적 농업: 치유농업(Care Farming)을 중심으로〉, 2016년.
- 한국농촌경제연구원, 〈도시농업의 치유기능 확산과 도농상생 방안〉, 2014년.
- 김경미·문지혜·정순진·이상미, 〈한국 치유농업의 현황 및 특성 분석〉, 2013년.
- 통계청, '장래인구추계' 자료, 2011년.
- 이걸재, '포스트 코로나와 치유관광' 자료.
- KAWAI·MASAKI, '일본의 지역치유산업 정책과 시사점' 자료.

[신문 기사]

- "지방소멸 방지를 위한 치유 산업 육성", 이투데이, 2024년 1월 22일.
- "'K푸드 왜 대박났나' 하버드서 연구까지 했다", 조선일보, 2024년 1월 15일.
- "시군구 절반 이미 '초고령사회'…고령화 가장 빠른 지역은?", 동아일보, 2024년 1월 3일.
- "광화문-명동-해운대, '광고+관광' 명소로 바뀐다", 동아일보, 2023년 12월 29일.
- "[치유산업 현장을 가다⑧] '치유음식 전도사' 유선미, 농촌진흥청 식생활영양과장", 글로벌경제신문, 2023년 12월 22일.
- "'지금의 바다, 내일의 바다'…해양 신기술·신산업 전망은", 뉴스1, 2023년 12월 14일.
- "[치유산업 현장을 가다⑦] 장미란 문화체육관광부 제2차관에게 듣는다", 글로벌경제신문, 2023년 11월 29일.
- "'치유관광산업육성법' 제정을 보면서", 이투데이, 2023년 11월 22일.
- "[치유산업 현장을 가다④] 산림청 김주미 과장이 밝히는 추진 상황과 과제 그리고 향후 방향", 글로벌경제신문, 2023년 10월 9일.
- "'치유관광'을 활성화하자", 농민신문, 2022년 7월 18일.
- "힐링관광, 제대로 키우자", 매일경제, 2022년 6월 21일.
- "여행+건강, 웰니스 관광 시대 대비해야", 중앙일보, 2022년 6월 16일.

치유산업에서
길을 찾다

초판 1쇄 2024년 5월 25일

지은이 김재수
펴낸이 허연
편집장 유승현   **편집3팀장** 김민보

책임편집 장아름
마케팅 김성현 한동우 구민지
경영지원 김민화 오나리
디자인 김보현 한사랑

펴낸곳 매경출판(주)
등록 2003년 4월 24일(No. 2-3759)
주소 (04557) 서울시 중구 충무로 2(필동1가) 매일경제 별관 2층 매경출판(주)
홈페이지 www.mkpublish.com   **스마트스토어** smartstore.naver.com/mkpublish
페이스북 @maekyungpublishing   **인스타그램** @mkpublishing
전화 02)2000-2611(기획편집) 02)2000-2646(마케팅) 02)2000-2606(구입 문의)
팩스 02)2000-2609   **이메일** publish@mkpublish.co.kr
인쇄·제본 ㈜M-print 031)8071-0961
ISBN 979-11-6484-687-0(03320)